まだ日本人が気づかない日本と世界の大問題

ケント・ギルバート
Kent Sidney Gilbert

上念 司
Jonen Tsukasa

徳間書店

はじめに――ケント・ギルバート

2018年に入り、世界情勢は大きく変化しました。6月には史上初の米朝首脳会談が行われ、その後、米中貿易戦争が激化。イランとの核合意をめぐる中東情勢も、何やらきな臭さが漂っています。

良くも悪くも、その中心人物となっているのが、アメリカのドナルド・トランプ大統領であることは間違いありません。

ただし、大統領選挙のときからそうでしたが、トランプ大統領に関するアメリカの報道には、かなりバイアスがかかっています。フェイクニュースや偏向報道が横行し、実情が見えづらくなっているのです。

それでもアメリカの場合は、「テレビ報道の公平性」を求める法律がないため（1987年に廃止）、反トランプ派のメディアとトランプ支持派のメディアがはっきりと分かれ、アメリカ国民もこれをわかったうえで両方を見ているから、まだマシなのです。

ところが日本では、テレビやラジオに関して放送法第四条で報道の公平性が要求されているにもかかわらず、ほとんど反トランプ派のメディアの論調しか流さないため、「トランプ大統領はとんでもない人物だ」というイメージばかりが視聴者のなかで肥大しています。さらに新聞などの活字メディアは、放送法のような縛りがいっさいないのでやりたい放題です。

しかも放送と活字を問わず、日本のメディアは「報道の自由」だけでなく、「報道しない自由」を謳歌《おうか》しています。いちばん悪質なケースでは、「朝日新聞」の「慰安婦報道」のように、国内では強制連行を報じたかつての記事の誤報を認めて謝罪しながら、英語版だけ相変わらず強制連行を連想させる表現を使用し、意図的に嘘を世界へ拡散する報道というのもあります。

ちなみに、「新聞に嘘を書く」ことも「表現の自由」や「報道の自由」に含まれるという事実を、日本人は認識しておいたほうがよいと思います。倫理・道徳への違反と法律違反とでは、大きな乖離《かいり》があるのです。

２０１６年のアメリカ大統領選挙のとき、日本のメディアはアメリカの左派メディアと同様に、「トランプ氏は泡沫候補。こんな人が大統領になるはずがない」と、半ば自分たちの願望を押し立てたような報道を繰り返し、見事に大外れしました。このように、世論誘導を目論んだ報道ですら、法的には違法ではないというのが「報道の自由」なのです。

メディアの正体を理解した人たちは、このような偏向報道に怒りを覚えています。にもかかわらず、こうした偏った報道姿勢を改めるどころか、「モリ・カケ問題」（森友学園の用地買収と加計学園の獣医学部開設認可）の報道では、さらにひどくなっていました。何ら証拠がないのに、無責任野党と結託したのか、とにかく安倍晋三首相の「関与」を匂わせるような印象操作が繰り返されました。はっきりいって、メディアによる倒閣運動そのものです。

そもそも法律的な常識からすれば、贈収賄のような「何らかの犯罪的事実があった」と主張する人は、その証拠を示して事実を立証する義務を負います。ですから、安倍首相を批判したり糾弾する側が、その「証拠を示せない」というのは、「彼らが主張する事実はない」と同じ意味なのです。

さすがに視聴率を気にするテレビメディアは、証拠もないのにいつまでも政権批判を続けられず、さらに最近はこの問題をテレビで取り上げても視聴者が飽きてしまったからか、ほとんど報じられなくなりました。

ただ、日本の場合には、政治的公平性や、多角的な論点を放送事業者に要求する放送法第四条がありながら、実際にはこのような偏向報道が行われていることは、民主主義の危機でもあります。この現実は、「どうせ日本の視聴者は偏向報道に気づかないから」と、放送事業者が視聴者や有権者のことをナメているという意味でもあるのです。

本書では、経済評論家の上念司氏とともに、日本、アメリカ、中国、朝鮮半島など、激動の世界情勢を、リアリスティックに分析、検証した一冊です。私は、日本では本当に驚くほど報じられていないアメリカのリアルな情報を中心に、そして上念氏は、鋭い経済分析によって、巷間で報じられるニュースとは異なった「事実」をあぶり出しています。

それと同時に、事実を歪《ゆが》める元凶であるメディアの現状と今後あるべき姿についても、大いに論じました。二人は「放送法遵守《じゅんしゅ》を求める視聴者の会」の創立メンバーであり、上念氏は事務局長、私は理事でもあります。

日本と世界でいま何が起こっているのか、誰がそれらの事実を隠しているのか、そしてこれから何が起こるのか。本書がそれを知るための一助となれば幸いです。

ケント・ギルバート

２０１８年８月中旬

まだ日本人が気づかない　日本と世界の大問題――目次

第5章 日本の繁栄を阻止する勢力との戦い

装幀　井上新八

第1章

日本人が知らない
アメリカの大激変

◎アメリカでトランプを褒めてはいけない

上念　トランプが大統領に就任して約1年半が経ちましたが、アメリカでの評価はどうなっているのでしょうか？

私の知り合い、おもにニューヨークやニュージャージーといった東海岸の友人たちは、2016年11月のアメリカ合衆国大統領選挙でトランプ氏が当選してからというもの、いまだお通夜状態です。思考回路が「アベガー」ならぬ、「トランプガー」になってしまっていて、彼らとバーベキューに行ったときも、ずっとトランプの悪口で盛り上がっていました。

ケント　いや、アメリカ、とりわけ東海岸では、トランプ大統領を公《おおやけ》に褒《ほ》めるのはご法《はっ》度《と》なんですよ。

上念　それもポリティカル・コレクトネス（政治的正しさ）によるものですか？

ケント　そう、ポリコレです。アメリカでは必須です。アメリカ人の2人に1人が「トランプ大統領を恥ずかしいと思っている」という世論調査もあるくらいですから（2018年1月、「キニピアック大学による世論調査」）。

上念　大統領を褒めてはいけない。しかもそれがポリコレコードになっているというのは、さすがにちょっと異様な感じがします。

ケント　ただ、それは東海岸や西海岸などのリベラルが強い地域だからであって、内陸に入ると事情は大いに変わります。

上念　たしかに、私も肌でそう感じました。じつはテキサス州のサンアントニオに親戚がいて、そちらにも行ってみたのですが、雰囲気がまったく違います。

「トランプは素晴らしい」と大絶賛でした。彼らが言うには、いまトランプ大統領がしていることは、「要はテキサスでやっていることを全米でやろうとしているだけだよ」と。

トランプ氏は大統領選挙の公約でもあった米連邦法人税率を35％から21％に引き下げることを柱とする大型税制改革、いわゆるトランプ減税を2017年12月に実現しましたが、「税金を安くして、人びとにやる気を出してもらって、働いたら働いたぶんだけ税金を払う。それのどこに問題があるんだ？」というのが大方の意見でした。

ケント　そうでしょう？
　産業の疲弊《ひへい》に直面している内陸の人々ほど、現実をよく見ているのだと思います。それに比べて、ニューヨーク、ニュージャージー、マサチューセッツなどの東海岸やカリフォルニアといった西海岸のエリアは、リベラルが強い地域ですから、あの選挙で負けたということが、いまだに信じられない。現実を受け入れられないのでしょう。
上念　そう、認められないんですよ。実際、トランプ減税を契機に、雇用増や賃上げを決めた企業は１００社を超え、減税効果を見越してアメリカ連邦準備制度理事会（ＦＲＢ）は２０１８年の経済成長率予測を２・１％から２・５％に引き上げました。小売りチェーンの大手、ウォルマートは最低賃金を10ドルから11ドルに引き上げ、最高１０００ドルのボーナス支給を決定しています。
　このような経済効果が目に見えているにもかかわらず、それでもトランプ大統領を認められないのです。まさにアベノミクスを批判している日本の左翼と同じメンタリティです。
ケント　選挙結果を認めないということは、民主主義を認めないということにもなるのですけどね。リベラルは論理的思考が本当に苦手です。

上念　個人的には、トランポノミクスはいまのところ、全体的にうまくいっているのではないかと思います。

ケント　これはほかの評論家もあまり言わないのですが、私がトランポノミクスで注視しているのは、減税よりもむしろ規制緩和なんです。トランプ大統領は就任直後、２０１７年1月30日に、「新たな規制を1件導入する際には、すでにある規制を2件以上撤廃しなければならない」という大統領令１３７７１号にサインしました。年４％の経済成長を目標に掲げるトランプ氏が、おもに中小企業の活動の後押しを狙ったもので、これによりビジネスはとてもやりやすくなります。実際に、現時点ではこの目標を実現しています。

上念　「行政機関に規制緩和を義務づける大統領令」ですね。私もあれは素晴らしいと思いました。日本も見習ったほうがいい。日本は一つ規制をつくるのに五つくらいやめてもいいと思います。くだらないルールばかりありますから。

ケント　まったく同感です。大統領が代わると、政治任用制によって、約４０００人の役人も入れ変わります。その大半は重要な指導者層や政策の立案を担《にな》っている地位にいます。

大統領が任命する4000人のうち、1200人は上院の承認が必要です。就任後500日の時点で、近年のほかの大統領のときよりも、やや空席が目立ちます。その理由は、野党側の抵抗が強いこともありますが、そもそも後任が要らないと考えて任命していない場合もあります。役人というのは規制をつくることが仕事ですから、多ければ多いほど規制が増えるだけ。実際、この大統領令が発令されたあと、役人の数は減っています。とくに減ったのは、もともとリベラル思想家が多い国務省です。

しかし、188人の大使のうち、69人が空席になっているのは問題です。目立つところとしてサウジアラビア、シンガポール、トルコ、シリア、スーダン、エジプト、キューバ、オーストラリアなどがあります。

上念　この規制緩和や減税といったトランプ大統領の政策は、共和党に共通する「小さな政府」を目指すものです。であるならば、大統領選でテッド・クルーズを応援していたティーパーティにも支持されるのではないでしょうか。

私は以前、ティーパーティ支持者のあるアメリカ海兵隊員と、経済について議論したことがあるのですが、彼によれば「ガバメントというのは、存在しているだけで飯を食う」ものだと言います。大きくすればするほど、要らない仕事をつくって税金を巻き上げる。ろくでもないことをするだけから、あんなものは小さいほうがいいと力説していました。

そういう意味では、トランプ大統領の路線というのは幅広い保守層から支持を得られているのだと思います。

◎トランプはなぜ黒人の支持率がアップしたのか

ケント　注目したいのは、これだけメインストリームメディアの大バッシングを受けても、トランプ大統領の支持率がある水準以下には落ちないということです。調査会社ギャラップ社によれば、トランプ大統領の支持率は、２０１７年10月にロシアゲートで35％まで落ち込んだのを底として、40％を少し上回った水準を保っています。同時期のオバマ大統領の支持率は39～42％でした。

上念　２０１８年６月に行われた米朝首脳会談後はどうですか？

ケント　前回の調査から３ポイント上げて45％に上昇しました。これは就任直後に記録した自己最高値と同じです。また、アメリカでは２０１８年11月の中間選挙に向けた予備選挙が３月から始まっていますが、トランプ大統領を支持する候補者が軒並み当選しています。中間選挙を前にして、トランプ派が支持率を上げてきている印象です。

上念　この調子なら、中間選挙もトランプ氏が勝ちそうですね。

ケント　それはわかりませんが、最近、選挙を占ううえでおもしろい出来事がありました。

２０１８年４月に黒人の人気ラッパー、カニエ・ウェストが休止していたＴｗｉｔｔｅｒを再開し、トランプ氏のことを「He is my brother.（おれのブラザーだ）」とツイートすると、即座にトランプ氏が「Thank you Kanye, very cool!（ありがとう、カニエ。とてもクールだ）」と返答し、さらにウェストが、ＭＡＧＡハット（「Make America Great Again」のスローガンが刺繍《ししゅう》された赤い帽子）の映像をリツイートするということがありました。帽子にはトランプ本人のサインが入っていました。その結果、１週間で黒人男性の支持率は11％から22％に上がったのです。

もともとウェストはトランプ支持を表明しており、２０１６年12月にはトランプタワーで対談もした旧知の仲です。しかし、人種差別的とされるトランプ氏とのツイートのやり取りに世論は批判的で、「カニエはまた精神が崩壊したのではないか？」と噂されました。彼は２０１６年、精神上の問題を理由にツアーをキャンセルしていましたから。

このツイートが物議をかもすと、今度は突然、彼は同じ4月の末に新曲「Ye vs. the People」をネットにアップしたのです。ラッパーのＴ．Ｉ．をフィーチャーしたこの曲は、トランプ氏に否定的なT.I.が「大衆」を代弁しカニエ・ウェストと舌戦を繰り広げるという内容で、あからさまにトランプ氏を擁護するものでした。
　これがとどめとなり、トランプ大統領に反対する多くの黒人ミュージシャンらも巻き込んで、カニエ・ウェストは黒人社会から大バッシングを受ける結果になってしまいました。

上念　黒人の９割は民主党支持だといわれていますからね。

ケント　しかしこの話には続きがあって、今度はウェストの妻で女優のキム・カーダシアンが翌5月にホワイトハウスを訪れました。すると数日後に、一人の黒人女性に恩赦が与えられたのです。
　その女性は非暴力的な麻薬犯罪で初犯にもかかわらず終身刑をいいわたされて服役しており、キムはその釈放を求める支援者だったのです。釈放後、二人は揃って米NBCテレビの朝のニュース番組「トゥデイ」に出演し、トランプ大統領に感謝の意を述べています。
　このことで、カニエの件から一転、黒人を救った大統領として、黒人に与えるトランプ氏の印象がとてもよくなりました。

上念　黒人の支持率も上がったのでしょうか？

ケント　改善されたのは間違いないと思います。もう一つ、ロッドマンのことがありましたから。

上念　ああ、米朝首脳会談の直後に、開催地のシンガポールに入っていた元ＮＢＡ（全米バスケットボール協会）選手のデニス・ロッドマンが出演したＣＮＮのインタビューの件ですね。

デニス・ロッドマンといえば、北朝鮮を何度も訪れて金正恩《キムジョンウン》委員長と会談してきたことは有名です。ＭＡＧＡハットを被って登場したデニス・ロッドマンが、自分がこれまで北朝鮮との民間外交を行ってきたことでさまざまな嫌がらせや殺害の脅迫まで受けたと語り、インタビューの途中で感極まって号泣しだしました。

ロッドマンは現役時代から、ワイルドなスタイルが持ち味で〝悪ガキ〟的なイメージでしたから、その彼が号泣するというのは、インパクトが大きかったですね。

ケント　ロッドマンは、オバマ前大統領は相手にすらしてくれなかったのに、「トランプは米朝首脳会談を実現させてくれた」と涙を流して感謝し、トランプ大統領を非常に評価したのです。

彼のこれまでの北朝鮮への働きかけについても「トランプ氏の秘書官からお礼の電話をもらった」ことを明かしていますよ。こういうことに、黒人男性は左右されるんですよ。それ以来、黒人社会で、むやみにトランプ大統領を非難することができなくなっています。

上念　これまで移民に排他的とされてきたトランプ氏が、マイノリティからも支持が得られるようになったとすると、これは大きな変化ですね。

ケント　これら一連の出来事は、もしかするとトランプ流のメディア戦略なのかもしれません。彼の報道を俯瞰《ふかん》してみると、不思議な偶然がいくつも重なることがありますから。

それでも、私はトランプが大統領になって本当によかったと思うことがあります。

それは、彼が世の中をおもしろくしているということです。米朝首脳会談にしても、メキシコの壁やイスラエル大使館のエルサレム移転にしても、彼は人がやらない、いままでどの政治家も勇気がなくてできなかったことを、平気でやってしまうのです。その結果、アメリカ国民が政治に大変興味をもつようになりました。

かたや日本はといえば、野党が「モリ・カケ問題」しか言わないものだから、逆に政治に興味を失ってしまったのではないかと思います。

それは２０１８年6月の新潟県知事選挙でも証明されていますね。

上念　地方自治の選挙であるのに、「〝モリ・カケ〟ガー」「アベガー」しか言わないのですから、野党は負けて当然です。

年齢別の投票率を見ても、50代以下は自民党・公明党支持の花角英世氏、60代以上は野党統一候補の池田千賀子氏ときれいに二分されました。つまり、テレビや新聞の情報操作に踊らされる情弱層しか「モリ・カケ」につられたりしないのです。メディアもいいかげん、気づくべきだと思うのですが。

ケント　そういう意味では、良し悪しは別にして、さまざまなサプライズを国の内外で巻き起こし「国民に政治への関心をもたせた」という点に限れば、まさにトランプ氏は最高の大統領です。

◎ロシアゲートとCNNのやらせ報道

上念　アメリカと北朝鮮が急接近したことで、巷間ではトランプ大統領が「北朝鮮にトランプタワーを建てるのではないか」という噂が出ています（笑）。

でも、いまやトランプタワーは名義貸しビジネスになっていて、ライセンス契約を結んでブランドを提供するだけで、本人は運営にタッチしていないんですよね。にもかかわらず、過去にロシアでトランプタワー建設の計画が進められていたことがわかると、やれ「ロシアゲートだ！」「クシュナーがロシア側と接触した」などとメディアがギャーギャー騒ぎたてる。まったく理解できません。ジャレッド・クシュナー氏は大統領上級顧問に就任する前は不動産開発会社「クシュナー・カンパニーズ」を経営する実業家ですから、ロシア人とビジネス上のやり取りがあってもべつにおかしくないでしょう。

ケント　おそらくメディアは成功した人間が気に入らないのです。ただ、そんなことをいっていては、成功者は大統領になれないことになってしまいます。貧乏人しか大統領になれないというのでは、それこそおかしな話です。

上念　とはいえ、アメリカの大統領は、過去になれなかった候補者も含めて、みなそれなりにお金持ちですよね？

ケント　ビル・クリントン氏は違いますよ。彼は超貧乏でした。

上念　ああ、たしかにそうですね。

彼はアーカンソー州知事時代に知人と設立した不動産会社で、不正土地取引や不正融資を行っていたのではないかという「ホワイトウォーター疑惑」で検察に追及されていました。

ところで、そのロシアゲートについてですが、いまもCNNだけがバカみたいに騒いでいますけど、この先、どうなるのでしょう？

ケント それは「モリ・カケ問題」の結末を予想しろというのと同じです。

ロシアゲートを簡単に説明すると、先の大統領選挙の際、トランプ陣営がロシア政府と通じて何らかの不正を行ったのではないかという疑惑です。しかし、1年以上捜査しても具体的証拠は何も出てきません。つまりロシアゲートとは実体のない疑惑であり、民主党支持の左派系メディアがトランプ陣営への攻撃と視聴率獲得のために報じてきた、アメリカ版「モリ・カケ騒動」なのです。

上念 ところが、ロシア疑惑の捜査を指揮するロバート・ムラー特別検察官は追及をあきらめる気はないらしく、弁護団に質問状を送ったりトランプ大統領の召喚を求めたり、とにかく何かしゃべらせて偽証トラップに巻き込もうとしているように見えます。

ケント　まさに上念さんの見解と同じようなことを、元ニューヨーク市長で、今度新たにトランプ大統領の弁護団に加わったルドルフ・ジュリアーニ氏が語っています。ジュリアーニ氏は米ＡＢＣテレビの「ディス・ウィーク」に出演し、「（召喚に）応じる必要はない」「彼が偽証罪で起訴されるようなことはしない」と発言しています。

私も、ムラー特別検察官が狙っているのは偽証罪の罠に陥《おとしい》れることだと思います。なぜなら、トランプ大統領はしゃべりすぎるからです。思いつきでツイートもバンバン出すから、つじつまが合わないこともたくさん出てくる。

政治演説一つをとっても、彼は1時間半を原稿なしでするわけで、最初に言ったことと後で述べたことでは、矛盾しているのです。これはファクトチェッカーが見てようやくわかるというレベルじゃない。誰の目にも明らかです。

上念　ジョージ・ブッシュとオバマ政権のもとでＦＢＩ（連邦捜査局）長官を12年も務めたムラーは、偽証の罠にはめるのがとても巧みだと聞いています。尋問が天才的だとも。

現に、トランプ陣営の外交顧問だったジョージ・パパドプロス氏を捜査に協力するよう寝返らせています。

ケント　尋問のプロから見れば、トランプ氏は穴だらけです。そして偽証の言質《げんち》をとったところで、最終的には彼を弾劾《だんがい》にもっていきたいのでしょう。

上念 偽証罪を材料に弾劾するのですね。

ケント 1999年のビル・クリントン大統領の場合がそうでした。

当時、ホワイトハウスの実習生だったモニカ・ルインスキー氏との不適切な関係（ホワイトハウス内でオーラルセックスをした疑い）が問題になりましたが、たとえそれが性犯罪になったとしても、それだけでは弾劾の理由にはなりません。

しかし彼は、アーカンソー州知事時代に起こした別のセクハラ裁判の過程で、モニカとの不適切な関係を問われ、聖書に手をおいて宣誓したうえで否定してしまった。それが偽証罪に問われることとなり、弾劾裁判にまで発展したのです。結局、上院の有効評決に必要な3分の2に達せず、弾劾にはいたりませんでしたが。

上念 しかし、トランプ陣営も反撃を開始しています。2018年2月、FBIの捜査が反トランプに偏向している証拠として、下院情報特別委員会の機密文書の公開に踏み切りました。「司法省と連邦捜査局における外国情報監視法の乱用」と題されたこの文書では、16年の大統領選挙において、民主党が元MI6（イギリス情報部）のスティール氏に16万ドルを提供し、トランプ氏の中傷情報を得る目的でつくらせた虚偽の報告書「スティール文書」を根拠に、司法省とＦＢＩが令状をとって、トランプ陣営の選挙ボランティアに対して盗聴やメールの監視を行っていたことが明らかになりました。

さらに、ここにきて、ムラー特別検察官の捜査手法自体にも疑問が出はじめているようですね。

ケント　彼は司法取引を積極的に使っていて、トランプ陣営の選挙組織にいた人間に不利な証言をするよう要求しているといいます。

たとえば、前国家安全保障担当大統領補佐官だったマイケル・フリン氏は２０１７年12月に捜査官に対して虚偽の証言をした罪を認めましたが、捜査に協力しているので、彼の刑を決めることがずっと延期されています。トランプ大統領に対して不利な証言をすれば、きっと刑が軽くなるでしょう。

同様に、選挙中にトランプ氏の外交政策顧問会の一員だったジョージ・パパドプロス氏は、２０１７年10月にＦＢＩの捜査官に対して虚偽の証言をした罪を認めましたが、やはり捜査に協力しています。刑は9月にいいわたされる予定ですが、それまでに捜査が終わっていなければ延期になるでしょう。

また、２０１６年にトランプキャンペーンの選挙事務長を務めていたリチャード・ゲーツ氏が、18年2月に共謀罪と虚偽の証言の罪を認めて捜査に協力しています。

この人たちはいずれも司法取引をしています。

選挙中、トランプキャンペーンの選挙委員長を務めたポール・マナフォート氏は、選挙よりずっと以前のロシアとの関係での犯罪を問われて公判中ですが、有罪を認めていません。そこでマナフォート氏の側近だったゲーツ氏が証言しているわけです。ムラーは、選挙期間中にマナフォート氏がかつてのロシアとの関係を利用して不正に選挙に影響を及ぼそうとしたことを立証したいようです。そして、何らかのかたちでトランプ氏が関与していたことを証明したいのです。

俗に、これを「CNN方式」といいます。2018年2月、フロリダの高校で17名が亡くなるという痛ましい銃乱射事件がありましたが、その後、CNNが主宰した銃規制に関するタウンミーティングで、被害にあった学校の生徒たちが自分の意思と関係なく、あらかじめ用意された台本を読み上げるよう強要されていたことが、SNSでバレてしまったのです。CNNは、FOXニュースがモットーにしている「フェア・アンド・バランスト」ではまったくありません。

上念　いわゆる「やらせ」ですね。まあ、日本のテレビ局ならこの程度のことは、いつも余裕でしていますけれども。

ＣＮＮはロシアゲートに関しても、やらせが発覚しています。２０１７年６月、「ヴェリタス」という公的機関の悪事を映像で告発するネット・メディアにＣＮＮの大物プロデューサーを盗撮した映像がアップされ、「トランプがロシア疑惑で犯罪行為を犯した証拠は何もない」「事実にもとづかない報道でも、視聴率が高ければいい」「トランプのニュースは商売にとって最高だ」「有権者はバカだ」などと上から目線で語る姿が世界中に拡散されてしまいました。

ケント　さらに「ヴェリタス」には、ＣＮＮのコメンテーターが「（ロシア疑惑は）でっかい中身のないハンバーガーと同じ」と答える映像もアップされています。もうＣＮＮは信用に値するメディアではありません。じつは視聴者数の比率を比較すると、ＣＮＮより僕らの出演している「真相深入り！　虎ノ門ニュース」（ＤＨＣテレビ）のほうがいいんですよ。

上念　以前、ケントさんから伺って驚きました。人口３億人のアメリカでＣＮＮの視聴者が約１００万人に対して、「虎ノ門ニュース」は人口が３分の１の日本で約50万人が見ていると。

ケント　そうなんです。逆にいえば、それだけ日本の視聴者が新しいニュースソース（情報源）に飢えているということがいえると思います。地上波では同じ意見しか流れませんからね。このことは、別の章であらためて論じたいと思います。

ところで、虚偽の証言と司法取引という話で思い出したのですが、マーサ・スチュワートをご存じですか？

上念　１９９０年代に活躍したカリスマ主婦ですよね。テレビで冠番組をもっていて、日本でも大人気でした。

ケント　そのマーサ・スチュワートは株のインサイダー取引に絡む罪で２００４年に実刑判決を受けたのですが、追及された理由がまさに虚偽の証言だったのです。刑事上は司法取引で有罪を認め、５カ月の実刑と3万ドルの罰金で罪を償いました。民事上は19万ドルの罰金と、５年間会社役員を務めてはいけないという条件で、アメリカ証券取引委員会（ＳＥＣ）と和解しました。ですから現在は、以前の事業を経営しています。司法取引には良し悪しがあります。私はムラー特別検察官がこの制度を悪用していると思いますが、マーサ・スチュワートの場合、双方にとって、長い裁判の手間、暇、費用を避けることができて、彼女の名誉に対するダメージも最小限にとどめることができたのです。

興味深いのは、当時、彼女を訴追したのが、ロシア疑惑の捜査を指揮し、２０１７年５月にトランプ大統領にＦＢＩ長官を解任されたジェームズ・コミー元ＦＢＩ長官だったということです。そして、いまトランプ大統領はマーサ・スチュワートの恩赦を検討しているといいますから、この問題の因縁というか、何か根深さを感じます。

◎アメリカのポリコレ疲れと分断政治の失敗

上念　ポリコレが蔓延《まんえん》するアメリカでは、司会者の常套《じょうとう》句である「レディース・アンド・ジェントルマン」という呼びかけが、とうとう言えなくなってしまいました。

ケント　これには二つの理由があります。男女の性別では分けられないＬＧＢＴ（とくにＴ＝性転換者）にも配慮すべきという考えからと、男性、女性の違いを強調する言い方はよろしくないというジェンダーニュートラルの観点からです。場所によっては、一時期、「メリー・クリスマス」も言ってはいけないという風潮がありました。多人種が集まるニューヨークでは、ほかの宗教に配慮して「ハッピー・ホリデイズ」というのがいまも当たり前になっています。

上念　キリスト教国のアメリカで「メリー・クリスマス」が言えないのは、いくらなんでもやりすぎだと思うんですけどね。

ケント　やりすぎです。これはほかの本でも書きましたが、このような行きすぎたポリコレの蔓延はもう、「アメリカ版文化大革命」といえるものです。リベラルによる完全な言葉狩りで、アメリカ人もみな息苦しさを感じた結果が、トランプ大統領の誕生だったという見方もできるでしょう。

彼は就任後の最初のクリスマスで「人びとは〝メリー・クリスマス〟と再び言えることを誇りに思っている」とＴｗｉｔｔｅｒでつぶやき、ポリコレを拒否していますから。

あの選挙で民主党がなぜ負けたかを分析すると、彼らが進めた分断政治に原因があると思うのです。アメリカでいちばんの多数派である一般白人層を「加害者」に仕立てて無視し、黒人やヒスパニック、そのほかの少数民族やＬＧＢＴ、そして女性という、政治的なマイノリティばかりを「福祉」や「人権」に配慮すべき「被害者」に仕立てて、優遇して取り込んでいく。彼らを全部足せば過半数に到達すると思っていたわけです。

結果はどうなったか？　届きませんでした。とくに女性はヒラリー・クリントン氏を支持しませんでしたし、多くのＬＧＢＴは分断政治に対して抵抗感があります。そもそもＴを除いたＬＧＢの場合、性的嗜好《しこう》がストレートと違うというだけで、それ以外は普通の人だからです。何も特別視する必要がないし、本人たちも特別視されたいと思っていない。これは新しい利権を生み出したい政治家や弁護士が、ごく一部のＬＧＢＴと結託して、特別視すべき存在に仕立てようとしているのです。彼らのやり口は全部バレています。

そのような分断政治を、一般の人はもはや支持しないのです。国民を分断するような政治に、うんざりしています。ヒスパニックなんて、本人たちは白人だと思っているのですから。第2世代になれば同化してしまいます。韓国人はもう少し時間がかかりますが。

上念　韓国人は永久に無理という人もいますが。

ケント　いや、永久にということはないと思います。なぜなら、韓国人のアメリカへの移民が始まって、まだ30年くらいしか経っていませんから。

日本人が移民したのはもう１００年以上も前からですから、完全に同化していますけど、韓国人はまだ同化していません。

上念　日系人に比べればまだ日が浅いんですね。

ところで、ヒスパニックが「第2世代になれば同化してしまう」というのは、そのとおりだと思います。じつは私、身をもって体験していまして。

私が高校時代にアメリカ留学したときのホストファミリーは、在米キューバ人だったんです。お父さんとお母さんは、まさにキューバ革命（1953～59年）のときに渡ってきた人でした。二人とも実家は超大金持ちだったのですが、革命ですべてを失って国を追われてしまったのです。

当時、お父さんはあまり英語がしゃべれず、家の中では片言の英語とスペイン語が飛び交っていて、親戚が訪ねてくると全部スペイン語になってしまうという調子でした。第1世代なので、まだ母国語がだいぶ残っていました。

その家の長男で私のホストブラザーのマウリシオが結婚するというので、10年ほど前、久しぶりにフロリダの親戚と再会しました。すると驚いたことに、どの親戚も、子供の世代では日常的にほとんどスペイン語をしゃべらなくなっていました。移民第2世代は普通にアメリカ人と結婚して家でも英語を話し、「スペイン語は外国語として子供に教えている」ということでした。

ケント　本来の母国語を家庭内でも外国語として扱っているのですね。

上念　はい。それ以外は完全に同化して、どこをどう見ても、アメリカ人です。

ケント　私の印象では、ヒスパニック同様、東ヨーロッパからの移民も同化が速いです。遅いのが韓国と中国……。

上念　やはりその二国ですか。でも、中国も移民は古いですよね？

ケント　中国人は同化もしているけど、同化できない人も多い。彼らは集団でコミュニティをつくりますから。

上念　中国人や韓国人は、日本でもコミュニティをつくって生活しています。最近では、池袋の一部や西川口に中国人が住みついて、中国人ムラ化しています。

もちろん、普通に同化して、すでに日本に溶け込んでいる人もたくさんいますが、厄介なのは、一部が日本の左翼と結びついて社会の分断を煽《あお》っていることです。リベラルな勢力というのは、本当に分断政治が好きなんです。アメリカでは、結果的に同化の圧力が強く、失敗に終わりましたが。

ケント　「積極的に同化すべきか否か?」という考え方は、一部の在日朝鮮人にもありますね。民族としての伝統文化を大事にしなければならないというこだわりですが、アメリカで見るとある程度まで同化しても、韓国系アメリカ人は伝統文化を大事にしていますね。「朝まで生テレビ」で在日問題を取り上げたときに、私は「韓国系日本人ではだめなのですか?」と言って、彼らを驚かせました。

日本で分断政治をしても、うまくいきませんよ。もともと日本はアメリカのような多民族国家ではないし、マイノリティをどう足し算したところで、選挙で勝つには人数が足りませんからね。分断を煽っている一部の在日にしても、そもそも選挙権がありませんからね。だからこそ、まともな日本人からすっかり相手にされなくなった日本の無責任野党は、「外国人参政権を認めろ」という活動を続けているわけですけどね。私自身も「在日」アメリカ人ですが、外国人参政権には反対です。あれは日本を壊したい人たちの外患誘致活動です。

◎LGBTにすり寄る左翼の魂胆

上念　左翼というのは、一見、寄りそうような態度を見せて弱者に近づいてきますが、内心は相手のことなどこれっぽっちも考えていません。自分たちの工作のために、ただ利用しようと思っているだけです。

たとえば、LGBTにも左翼はやたらと親和的で、2018年5月に行われたLGBT

の日本最大級のイベント「東京レインボープライド2018」に、立憲民主党の枝野幸男氏、福山哲郎氏、蓮舫氏、有田芳生氏、共産党の小池晃氏、社民党の福島瑞穂氏ら、野党の錚々《そうそう》たるメンバーが参加しました。

その姿がSNSにアップされるや、「なんだこの違和感は」「パレードを政治利用するな」などの非難が殺到したのです。誰の目にも下心が見え見えで、LGBTの人たちにも大変迷惑がられていました。一部の活動家がLGBTを代表しているかのような言動をすることに対して反発する人も多いと聞きます。

ケント　だいたい日本人はLGBTについて、深く考えていないでしょう。

アメリカではいまから30年くらい前に、「ゲイの入隊を認めるか否か」で大論争が巻き起こったのです。それまでアメリカ軍は何十年も前からゲイの入隊を禁止していて、それが差別にあたるとの批判が高まり、「ゲイの入隊解禁」を公約にして大統領になったのがビル・クリントン氏です。そして1993年、本人が同性愛者であることを隠し通すことを条件に入隊を認める「don't ask, don't tell（聞くな、話すな）」ポリシー、いわゆるDADT法が成立したのです。

このとき、ゲイの入隊について世界各国はどう考えているのか、国際世論調査が行われています。「認めない」「条件つきで認める」など、国によって回答はまちまちでしたが、日本はどう答えたかというと――「問題になったことがない」。

上念　なるほど、「そんな話、気にしたこともないし、聞いたことすらない」ということですね。

ケント　もともと性的マイノリティに対して、日本人は割合に寛容なんです。ですから、左翼がＬＧＢＴを利用して分断政治を画策したところで、うまくいかないと思います。本人たちが迷惑するだけです。

◎アメリカ民主党の逆転はあるか

上念　就任直後は「４年もたない」とささやかれていたトランプ氏ですが、２０１８年11月の中間選挙の結果しだいでは、２０２０年の大統領選挙での再選の目も出てきました。それだけは是が非でも阻止したい民主党の巻き返しはあるのでしょうか?

ケント　わかりません。中間選挙は大統領の所属政党が議席を減らす傾向があるといわれています。もし今年の中間選挙で共和党が大敗するようなことがあれば、次の大統領選挙には別の候補を立てるべきだという声が出るかもしれない。かといって、民主党にはこれといった対抗馬は見当たりませんね。

上念　前回の大統領選挙で敗れたヒラリー・クリントン氏は、2017年9月、CBSニュースのインタビューに「現役の政治家としての活動は終わった」と自ら発言していますので、もう出馬はないでしょう。ほかに強敵といえばバーニー・サンダース氏ですが、18年時点で77歳という高齢でこちらも難しい。

ケント　有力どころでは、前副大統領だったジョー・バイデン氏、マサチューセッツ州のエリザベス・ウォーレン上院議員あたりになりますが、残念ながらあまり人気がありません。

上念　ナンシー・ペロシ下院議員はどうですか？　テレビ受けするコメントでCNNの御用達です。

ケント　ペロシ氏には問題があります。彼女はトランプの税制改革で大型減税の恩恵を受けた企業が労働者に支給する、最高1000ドルのボーナスを「パンくずのようなもの」

と発言し、「分断を煽るものだ」とすぐにトランプ氏から非難を浴びました。彼女自身、大変な資産家ですから、庶民感覚が欠けているといわれても仕方がありません。

トランプ氏は２０１８年６月のカリフォルニア州予備選の前にも、Ｔｗｉｔｔｅｒで「ペロシ氏に国を任せてはいけない」とつぶやいています。

民主党にとっていちばん大きい問題は、リベラル派と中道派が相互不信に陥《おちい》っていて、完全に分断していることです。統一候補をはたして出せるか、これからの2年間の動きを注目したいですね。


上念　ただ、人材不足に見える民主党に対し共和党が絶対有利かというと、じつはそうでもありません。

アメリカの中間選挙は大統領4年の任期のちょうど中間に行われ、任期6年の上院の3分の1、任期2年の下院の全議席が改選されます。

下院では４３５議席のうち、２３９を共和党が占めています。注目は上院で、現在の議席数は共和党51議席に対し、民主党47。これに民主党会派である独立系2議席を加えると、実質2議席の差しかないのです。

ケント　アメリカは州によって選挙制度が違いますから、結果の予測も難しいんですよ。

基本的には選挙区ごとの予備選で各党の候補者を選び、選出された二人が本選で競うシステムですが、予備選のあとに2回目の決選投票を行う州もあります。

変わったところではカリフォルニア州のように、政党に関係なく出たい人が全員、立候補できる州もあります。「ジャングル・プライマリー」と呼ばれる選挙制度で、有効投票の50%を超えた候補は自動的に本選挙での当選者となり、そうでない場合は上位2名が本選挙に臨みます。

ですから、選出された候補者が二人とも同じ政党という可能性もあります。

上念　あ、本当だ。6月の予備選で、カリフォルニアの一地区の下院候補に選出されたのは、二人とも民主党です。この制度はカリフォルニアだけですか？

ケント　これに似た制度がワシントン州やルイジアナ州でも行われています。また、メイン州のように、選好投票（優先順位付き投票）を採用している州もあります。この制度では有権者が一人の候補者に投票するのではなく、1位、2位、3位と順位を決めて投票します。

たとえば、ある有権者が1位で投票した候補者が当選圏外だった場合、その票は2位の候補者に回されます。2位も圏外だった場合は3位という具合に、過半数をとるまで続けられます。この選好投票はすでにカリフォルニア州のいくつかの都市でも行われていて、諸外国ではオーストラリアもそうです。

上念　とてもユニークな制度ですね。

ケント　なぜこのような選挙制度が州によってバラバラに採用されているかといえば、いまの選挙は死票が多く、本当に民意が反映されているかという疑問の声があるからです。そのため、州によっていろいろな試みがなされ、よりよい制度の模索がなされているのです。

日本も2018年7月に改正公職選挙法が成立し、参議院の定数6増が決まりましたが、ついでに選挙制度も変えてみたらどうですか。都知事選挙のように立候補者の多い選挙はカリフォルニア州の「ジャングル・プライマリー」で争うとか。もしかしたら、都知事になったのは小池百合子氏ではなかったかもしれませんよ。

上念　とてもいいご指摘だと思います。選挙は民主主義の基本ですから、たんなる多数決で満足せず、ほかにいい制度があれば社会にあったかたちに変えていくべきです。

私は年齢によって票数を変えたらどうかと思いますね。これから将来を背負っていく若い世代、20代は3票で、30代なら2票。それ以上は、もうどうでもいいんだから1票というかたちで。

ケント　ははは、そんなこと言ったら上念さん、アメリカ社会では抹殺されてしまいますよ。アメリカでいちばん力のある政治団体はＡＡＲＰですからね。旧称を「アメリカ退職者協会」（American Association of Retired Persons）といい、おもにヘルスケアなど年老いたアメリカ人（現在は退職者にかぎらず50歳以上が対象）に対する問題に取り組んで、積極的なロビー活動を展開しています。２００３年のメディケア・パートＤ（処方箋《せん》薬剤給付保険）の創設に影響を与えたのもＡＡＲＰです。めちゃくちゃ力があるのです。

上念　まあ選挙制度についてはあらためて議論するとして、中間選挙で民主党が勝利し、議会にねじれが生じることにでもなれば、トランプ政権がレームダック化し、現在の中国への対決姿勢も方針転換を迫られるかもしれません。

◎崩壊するアメリカの医療保険制度

ケント　ＡＡＲＰの話が出たので、アメリカの医療保険制度についても少しふれておきましょう。アメリカの医療費がとんでもなく高額なのは、みなさんもご存じだと思います。真面目な話、保険に加入していなければ、アメリカでは風邪をひくこともできません。65歳からはいちおうメディケアという連邦政府による保険制度がありますが、日本のような皆保険制度ではないので、それまでは民間の保険会社に入らなくてはならないわけです。

私も保険では苦労しました。保険会社によって保障内容と掛け金、それに自己負担金が違います。条件のいい保険には、なかなか入ることができません。いろいろ探しているうち、あるとき全米女性経営者協会に所属していれば安く加入できる保険が見つかり、入会することにしたのです。

上念　えっ？　女性じゃないのに、そんなことできるんですか？

ケント　しばらくしたら女性経営者協会から電話がきました。「あなたは会員の申請をしましたが、何か意図があるのですか？」と不審そうにたずねるのです。私はこう言い返しました。

「こういう電話があるのはどういうこと？　アタシが女性経営者協会に入会することに何か問題があるの？」

その後、いっさい連絡はこなくなりました。あまりしつこく追及すれば、性差別になってしまいますから。そのおかげで、保険料がとても安くなりました。

上念　なるほど。そう言っておけば、相手はトランスジェンダーかもしれないし、うかつに突っ込めない。ポリコレを逆手にとったわけですね。さすがケントさん！

医療保険に関していうと、トランプ大統領は就任直後からオバマケアの廃止を訴えていますね。２０１７年1月と10月の二度にわたって、トランプ氏はオバマケアを見直す大統領令に署名しました。12月にはホワイトハウスで、オバマケアの柱である「医療保険に加入していないアメリカ国民への課税の撤廃」を税制改革法案に盛り込み、「これで個人の医療保険加入義務は撤廃される」「われわれはオバマケアを事実上、廃止した」と勝利宣言していますが、これについてどう思われますか？

ケント　中途半端ですね。

そもそもトランプ大統領は、オバマケアを廃止も改正もしていませんよ。廃止したくても、オバマケアを廃止する共和党法案は2回にわたって議会で否決されていますから。そのため、大統領令や税制改革でオバマケアの実質的な執行停止を試みているのですが、一部の機能は停止したものの一部は残るという、ずいぶんいびつなものになってしまいました。

上念　どういうことでしょうか？

ケント　たとえばトランプ大統領は、オバマケアは保険に加入しない人から罰金を取るものだとして、医療保険への加入義務を撤廃しました。しかしこれはオバマケアのベースとなるとても大事な考え方でした。

もともとアメリカの医療制度というのは、保険会社が加入者を複数のグループに分けて、グループごとに保険料を計算します。たとえば、ユタ州の何年何月からの1年間に加入した人たちはAグループ、翌年はBグループというようにです。自己申告や健康診断結果を提出させ、健康な人しか入れないので、加入者は最初、みんな健康です。だから、保険料は安くなります。

しかし時間が経つにつれて、病気になる人も出てきます。罹患者が増えれば保険料も上がっていきますが、あまりに高くなると健康な人は条件のいい新しい保険を求めてグループを脱出してしまいます。すると、そのグループはまた保険料が上がるという悪循環が繰り返されて、最後は健康状態が悪い人しかグループに残りません。

高すぎる保険料に嫌気がさしてグループから脱出しても、持病や既往症があると新しい保険に入ることができません。加入先のグループの保険料が高くなってしまうからです。保険料の値上げ幅を州から規制され、採算がとれないからと事業自体をやめて撤退した保険会社もあります。

そうして持病や既往症のある人たちが低所得者層とともに見捨てられ、およそ6000万人ものアメリカ人が無保険になってしまいました。高額な保険料が嫌だからと、若くて健康なときは保険に入らず、病気になりそうになったら加入する、そんな博打のようなことも行われるようになりました。

上念　それでは保険の意味がないじゃないですか。

ケント　そうです、意味がないのです。保険というのはリスクに備えて加入者が公平に保険料を分担する制度です。いうなれば共産主義的なもので、健常者も罹患者も平等に保険料を負担しなくてはいけません。

そこに「若いから加入しない」とか「健常者だから加入しない」という選択権があっては、保険制度自体が成り立たなくなってしまいます。だからオバマケアは、アメリカ国民全員に医療保険の加入を義務づけたわけですね。

加えて、オバマケアでは保険会社が既存の病気を理由にして加入を断ることができなくなりました。誰もが保険に加入できるようにするためです。
この二つを両輪にオバマケアは成り立っていたのですが、トランプ大統領は車輪の片側だけを取り払ってしまったのです。

上念　ヤバいじゃないですか。それでは健常者が保険に加入しなくてもよくなり、逆に健康に不安のある人は入り放題です。オバマケア以前の状態より、状況が悪化してしまいます。もともとトランプの医療改革については、共和党の支持者からも評判があまりよくありませんでしたよね。

ケント　医療費の高騰や無保険者の問題を考えたら、オバマケアを廃止して元に戻すのは無理だろうという声が多くありました。とはいえ、オバマケアについても、オバマ大統領の話が嘘だったことがバレてしまっています。彼は「いま加入している保険に入り続けることができる」と公言していましたが、結果的に保険料が予想以上に急騰し、多くの人が同じ保険を続けることができなくなりました。現に私も切られたし、ほかに私の周囲だけでも、そういう人は大勢いましたから。
アメリカの医療制度がこの先１、２年でどうなっていくか、見守るしかありません。

◎不法移民の扱いを「非人道的」と批判する欺瞞

ケント　オバマケアも問題が多いですが、いまリベラル勢力が政権批判に力を入れているのは、むしろ移民政策のほうでしょう。２０１８年4月、トランプ政権が不法入国者の取り締まり強化のため、「不法入国した者は全員、逮捕する」という「ゼロ・トレランス（不寛容）」政策を導入すると、「親と子が引き離されている」とメディアがいっせいに大合唱を始めました。アメリカ国土安全保障省（ＤＨＳ）によると、親と別々に収容された未成年の不法入国者数は「5月末までの6週間で１９９５人」で、トランプ大統領の政策は非人道的であると連日、テレビで報道される大騒ぎとなりました。

上念　反対の声が各企業やセレブのあいだからも続々と湧きおこり、メラニア夫人までが報道担当者を通じて「引き離される子供を見るのはつらい」と声明を出しています。さすがのトランプ大統領も対応を迫られ、6月20日に「不法移民の家族を一緒に収容する」という大統領令にサインしました。

ケント　なぜ不法移民の親子が別々に収容されるかというと、刑罰を科すのは成人に限られるためです。家族で検挙された場合、親だけが投獄され、子供は保護施設に置かれるのです。たしかに親子が引き裂かれるのは悲しいことです。

でも、よく考えてください。彼らは法を破って入国しようとした不法入国者なのです。われわれだって、法を犯せば逮捕され、刑務所に送られて、子供と離れ離れになります。それを非人道的だとは、誰もいいませんね。

上念 「不法移民」を「移民」と置き換え、人道問題を煽る。まさにメディアによって論点がすり替えられている格好です。

いい例が、米タイム誌です。同誌は2018年7月2日号の表紙に、収容施設で泣き叫ぶ女の子と、彼女を見下ろすトランプ大統領を合成した写真を「Welcome to America.（アメリカへようこそ）」という悪意のこもったキャプションをつけて掲載しました。当初、同誌は、写真の女の子はホンジュラスから入国したジャネラ・ヴァレラちゃん（2歳）で、彼女は収容所で母親から引き離されたと報じていました。

ところが、フランスAFP通信の取材で、「ホンジュラスの移民保護当局者はAFPに対し、ジャネラちゃんが母親から引き離されていないことを確認した」（2018年6月24日付）とわかり、写真はフェイクだと判明したのです。

トランプ政権を非人道的だと思わせる、ひどい印象操作です。

ケント　もともと「ゼロ・トレランス」政策が導入された背景には、いっこうに減らない不法入国者と収容施設不足の問題があったわけで、実際、不法移民の廃絶に向けてかなりの抑止力になると思います。さらにいわせてもらえば、早く壁をつくったほうがいい。

上念　メキシコ国境の壁のことですね。ウォールストリートジャーナル紙が伝えたところでは、トランプ政権は「全長７００マイル（１１００キロ）超の『国境の壁』設置に１８０億ドル（約2兆円）近い予算を認めるよう」（２０１８年1月5日付）議会に求めたといいます。かなり巨額の費用ですね。

ケント　２０１８年2月にトランプ大統領が議会に提出した「予算教書」によれば、２０１９年度のアメリカの国防費は６７８０億ドル（約75兆円）ですから、壁の費用はだいたい2・６％の割合になります。それによって不法移民だけでなく、麻薬や犯罪の流入も防げるわけですから、安全保障上のメリットを考えれば安いもので、かえって得になると思いますけどね。

上念　ＥＵ（ヨーロッパ連合）では、２０１５年にドイツのメルケル首相が「政治難民の受け入れに上限はない」と事実上、無制限の受け入れ宣言をしたことで、シリアから大量の難民がドイツを目指してヨーロッパに押し寄せる結果になりました。おかげでドイツへの通過経路になる国々はみんな迷惑して、とくに難民の流入口になるギリシャは緊縮財政で追い込まれているストレスもあって、「なんなら国境を開放するぞ」と逆ギレ寸前でした。

結局、誘惑があるからこういうことが起こるわけで、壁ができれば「国境を越えたい」という欲求も抑えられることになると思いますね。

ケント　メキシコ国境からの不法移民で、いまとても多いのはニカラグアなんですよ。内政の不安定化もさることながら、あの国ではマフィアがものすごく力をもっていて、治安が急激に悪化しています。職業によっては財産や命まで狙われますから、国を捨ててメキシコ経由でアメリカに逃げてくるわけです。ほかにもホンジュラス、グアテマラなどメキシコ以外からの不法移民が大量に押し寄せていて、

「メキシコは自国を通過してアメリカに入国する人びとを阻止する必要がある。われわれはこれを北米自由貿易協定（ＮＡＦＴＡ）をめぐる合意の条件とする可能性がある。アメリカは現状を容認できない！」

と、トランプ大統領はＴｗｉｔｔｅｒに怒りの投稿をしています。メキシコが面倒を見

られないなら、要は自国にも入国させなければいいのです。

上念　ところが、そうは問屋が卸さない、想定外の出来事が起きてしまいました。2018年7月のメキシコ大統領選挙で、なんと、左派で元メキシコシティ市長のロペスオブラドール氏が当選してしまいました。メキシコは日本の自民党と同じように、与党である制度的革命党（PRI）が過去100年間の大部分の期間でメキシコ政治を主導してきていたので、メキシコで史上初の左派政権誕生です。

ケント　これからどうなるんでしょう。日本も民主党が政権をとっておかしくなったように、メキシコもおかしくなってしまうのでしょうか？

上念　ロペスオブラドール大統領は、一方的にNAFTA見直しを匂わすトランプ大統領に対し、「敬意を払え」と強硬姿勢を示しています。彼自身は左派ナショナリストで「メキシコ第1主義」を掲げていますが、理想主義的でベネズエラのマドゥロ大統領と比較する声もあります。

ただ、先ほどニカラグアの話がありましたが、メキシコも政府と麻薬カルテルとのあいだの麻薬戦争で治安が悪化していて、2017年の殺人件数は2万9200件と、199

7年以降、最悪になっています。世界一危険な街といわれたシウダー・フアレスは、殺害される人数にかけては治安の悪化したイラクと変わらないような状態だったわけです。警察よりギャングのほうが武装していて、元陸軍特殊部隊の軍人が組織した「ロス・セタス」のような麻薬カルテルもあって、政府はまったくコントロールできていません。

ケント　過去にトランプ大統領も「メキシコは世界一危険」とツイートしたことがありましたが、だからといって国全体が危険だということではないでしょう。ニカラグアから来た難民は安全な地域を選んで、メキシコに留まればいい。アメリカに難民や移民を受け入れろというのであれば、メキシコも受け入れればいいのです。

上念　理屈ではそうなんですけどね。

ケント　アメリカが国境警備体制を強化しているので、じつは自力で不法入国することが以前よりもかなり難しくなっています。だから最近は、人身売買ブローカーと契約して入国するのです。ニカラグアで多額の契約金を払ってメキシコを通過させてもらうけど、メキシコのいたるところにある不法私的検問を通過するたびに、また賄賂を要求されます。さらに途中で泥棒にあったり、アメリカの国境をちょっと越えただけでは捕まるので、内陸まで運んでもらうための追加料金を取られてしまう。途中でお金を払えなくなると捨てられて、場合によっては生命すら危険です。このように、南からの不法入国は減ってはいますが、そう簡単には止まらないのです。

◎最低賃金引き上げは労働者のためにはならない

ケント　これは逆の意味で移民政策の弊害なのかもしれませんが、日本と同様、最近のアメリカも人手不足が年々、深刻化しています。とくに、いわゆる〝３Ｋ〟といわれる仕事に就く低賃金労働者の数が足りなくなってきています。

そこでミニマムウェッジ（最低賃金）を上げようという動きが全米でもちあがっていて、２０１７年の19州に続き、18年1月に18州で賃金がいっせいに引き上げられました。アメリカ労働省の発表では、いちばん高いワシントン州で時給11ドルが11・５ドルに、市レベルではカリフォルニア州マウンテンビュー市、サニーデール市で15ドルに、それぞれ引き上げられています。

ところが、経営者側は賃上げに猛反対で、マクドナルドは今後、松屋方式に変更していくといいます。

上念　松屋方式とは、どういうことですか？

ケント　松屋では、機械にお金を入れて注文するでしょう？

上念　ああ、人を減らすということですね。

ケント　人に対してオーダーするのではなくて、ロボットというか、タッチパネルのセルフオーダーに変えていくんだそうです。時給15ドルも払わなければならないのであれば、ロボット化するほうを選ぶ。レジの業務というのは、それだけの時給を払う価値がないということです。

そのぶん調理やマネジメントといった、もっと付加価値の高い部分に投資をして、2018年中に数千店舗、20年までに1万4000店のほとんどに、セルフオーダーの機械を導入予定だといいます。

上念　最低賃金に関してはですね、いちおう、いまも論争が続いています。

カリフォルニア大学バークレー校のカード教授とプリンストン大学のクルーガー教授が1992年に行った研究で、ニュージャージー州で最低賃金が引き上げられたとき、引き上げられなかったペンシルベニア州のマクドナルドで雇用への影響がどう変わるかを調査したところ、これまでの予想に反して、賃金を引き上げたニュージャージー州で雇用が促進されたという結果が出ています。

これをノーベル経済学賞を受賞したリフレ派で左派系の経済学者ポール・クルーグマンが錦の御旗のように持ち出して、「最低賃金を上げても雇用を減らすことにはならない」と力説しているのですが、よくよく調べてみると調査方法に疑問もあり、断定するのは早計という見方もあります。つまり結論が出ていないのです。

原則論からすれば、最低賃金を引き上げれば基本的に失業率は上がります。これについては、ちょうど韓国がいい指標になるでしょう。

2017年、文在寅《ムンジェイン》政権は最低賃金を16・4％引き上げましたが、韓国統計庁が発表した18年3月基準の失業率を見ると、予想どおり、0・4ポイントアップの4・5％と見事に上昇しています。むしろ予想外だったのは、この状況で韓国はさらに18年も10・9％の最低賃金の引き上げを決めたということで、何がしたいのか、まったく理解不能です。

ケント　あの国のことは誰にも理解できませんよ。

上念　まあ普通の脳みそなら、マクドナルドのように考えますね。最低賃金を引き上げれば、機械化したり、オペレーションを変えたりして、最終的に人を使わない方向へとどんどん進んでいく。つまり、最低賃金の引き上げは失業率を増やし、結果的に労働者のためにはならないという皮肉な結論になるのです。

ケント 私も一時期、「タコタイム」というファストフード店を日本全国で29店舗展開していたことがあるので、よくわかります。外食産業の経費構成を調べるとわかると思いますが、人件費は2割程度に抑えなくてはいけません。

ほかに食材費が2割5分くらいかかるし、家賃も2割以下に抑えないと利益が出ません。最低賃金を15ドルに上げてしまうと、人件費に3割も割かなければならなくなって、それでは儲からない。

商品の値上げで補おうとすれば、誰も買わなくなってしまいます。だから機械化するしかなくなるのです。すでにマクドナルドは世界中で機械化を進めているらしいですね。

上念 ヨーロッパや北米の一部、さらに日本でも実験店として初めて設置された東京・大森駅北口店を皮切りに、愛知・栄広小路店、大阪・関西国際空港店、宮城・仙台沖野店の4店舗で無人オーダー機が導入されているそうです。

ケント　最近は日本の回転寿司店も、どこもタッチパネルになっています。経営者の目線で見れば、あれはコストパフォーマンスがいいなと思います。

初期投資が必要ですけど、ランニングコストはかなり安く抑えられます。同時に、雇用機会も失われてしまいますが。

上念　しだいに単純労働だけでは職に就くのが難しい時代になっていくでしょう。

◎ドイツが移民を受け入れた理由は「奴隷労働」

ケント　そこで重要になってくるのは、付加価値の高い仕事ができる国民をどう養成していくかということですが、残念ながらいまのアメリカは、ここで躓《つまず》いてしまっています。

そもそも貧困は貧困を再生産する傾向があり、低収入の家庭は子供の教育にあまりお金をかけられないことが多いので、どうしても教育格差が生まれます。その結果、生涯年収に大きな差がついてしまいます。

また、夫が定職に就いていない場合、子供が生まれても結婚さえできないことも多く、そうなると母親は必然的にシングルマザーとなり、低収入に陥る可能性が高くなります。

上念　日本でも、母子家庭、父子家庭のような片親の家庭は貧困を再生産してしまう傾向が強く、これは世界共通なのかもしれません。

ケント　「家族」と「家」は、貧困を回避する大事な要素でもあります。私の地元であるユタ州は、アメリカで生活保護受給率がもっとも低い州の一つですが、「ブルームバーグ」のコラムニスト、メガン・マクアードル氏がその要因を調べて、２０１７年3月に発表したところによれば、いちばん大きな要因は、教育でも収入でもなく、「子供が、父親と母親が両方いる家庭で育てられたかどうか」でした。ユタ州では、79％の家庭で夫婦がそろっているのに対して、ワシントンＤＣは42％です。こうした「家族」や「家」が、アメリカではけっこう壊れてしまっていて、経済問題にも影を落としています。

上念　ちなみに、先ほどの最低賃金引き上げの話に少し補足しますと、逆をいっていた国もあります。ドイツには、ついこのあいだまで最低賃金というものが存在しませんでした。

その結果、何が起こったかというと、難民の大量受け入れです。経営者は難民を使って、時給３００円程度の低賃金で奴隷労働をさせるのです。農業も自動車産業も、すべてがそうでした。私はメルケル首相の「難民受け入れに制限はない」という発言には、裏にこうした意図が確実にあったと睨《にら》んでいます。

この最低賃金を定めないドイツのやり方というのは、資本家に移民のような安い労働力を連れてきて奴隷労働をさせるというインセンティブが働いてしまう点で非常に問題ですが、逆に、左翼が要求するように最低賃金を引き上げれば、今度は失業率が上がってしまいます。やはり賃金はマーケットによって決まるというのが健全な姿でしょう。

現在、ドイツでは２０１５年に最低賃金法が成立し、最低賃金が８・50ユーロ（約１１００円）に定められ、17年に８・84ユーロ（約１１５０円）に引き上げられています。ほぼアメリカ並みの水準です。

ケント　アメリカでもドイツと同じようなことがありました。カリフォルニアの農家たちはメキシコ人の移民を安い賃金でこき使っていましたが、あるとき、なんと組合ができてしまいました。労働組合は労働者の権利を守るという点でとても重要ですが、それが行きすぎるとかつてのアメリカの自動車産業のように、競争できない企業になってしまう危険がある。ここがジレンマなんですよね。

上念　カリフォルニアの組合もそうなってしまったのですか？

ケント　カリフォルニアの組合は成功しました。カリフォルニア中の労働者が連携し、組合に加入していない農家の農産物は売れなくなってしまうところまでもっていきましたので。主導したのは、もちろん、左派系の人でした。

上念　組合がなくても、うまくいっている農場もあります。私は以前、オレゴン州のりんご園で収穫のバイトをしていたという日本人に、一緒に働いていた移民についての話を聞いたことがあります。そのりんご園は端から端まで車で3、4時間かかるようなとてつもない広さで、そこへ出稼ぎにくるのはすべてメキシコ人だったそうです。彼らは収穫の時期だけやってきて、3カ月間みっちり働くと、あとはメキシコに帰って遊んで暮らすという、なんとも優雅な生活をしていたといいます。

ケント　子供の頃、私が住んでいた町は巨大な果樹園のようなものでした。とくにサクランボの収穫期には、一時的にたくさんのメキシコ人が出稼ぎにきていましたが、誰も問題にしませんでしたよ。サクランボの収穫はけっこうきついんです。私も中学時代にバイトとしてやらされました。僕らは重労働をしたくないし、メキシコ人は短期間でそれなりの金を稼げる。お互いが満足していれば、組合のような問題は起こらないんですけどね。

◎アメリカの利上げへの懸念

上念　経済評論家として気になるのが、アメリカの利上げです。FRBは2018年6月のアメリカ連邦公開市場委員会（FOMC）で、フェデラルファンド（FF）金利の誘導目標を25ベーシスポイント（0・25％）引き上げ、1・75～2％のレンジに設定しました。利上げは2018年に入って二度目で、これで2015年後半から数えて7回目です。

ケント　あまり急がないほうがいいと思うんですけどね。いまの景気がいつまで続くかわかりません。一時的なもののような気がします。トランプ大統領も、急速な利上げは「うれしくない」「アメリカの競争力を奪う」と何度もFRBを批判していますね。

上念　そうです、私もまったく同意見ですが、数字の上ではアメリカ経済は堅調で、土地の価格もすごい勢いで上がっています。

ケント　いま不動産の購入を検討中なんだけど……。

上念　むしろ売りどきだと思いますよ。パウエルＦＲＢ議長は、２０１８年だけで計４回の利上げ予測を口にしています。

その理由はデュアル・マンデートといって、ＦＲＢには「最大限の雇用（maximum employment）」と「物価安定（stable price）」という二つの法的使命が課せられているのです。

６月に発表された経済見通しでは、２０１８年のインフレ率は２・１％と、ＦＲＢが目標に掲げる２％を上回り、雇用のほうもかなり逼迫《ひっぱく》してきています。土地価格も値上がりを続けているので、加熱する前に少し冷やしておこうという狙いがあるわけです。

さらに、ＮＡＩＲＵ（インフレを加速しない失業率）という指標があるのですが、ここにアメリカが到達したかしていないかが、一つの議論になっています。ＮＡＩＲＵとは、インフレを生じさせない失業率の下限、いうなれば自然失業率のようなものです。

失業率とインフレには一定の相関関係があり、失業率がＮＡＩＲＵを割り込むと、インフレが急激に加速するといわれています。いまアメリカの失業率は３・９％（２０１８年４月）と過去10年で最低を記録していますから、利上げに傾くのも理解はできるのです。

もっとも、ＮＡＩＲＵは理論上の仮説にすぎないという考えもあるので、実際のところ、どうなのかはわかりません。個人的には、アメリカの賃金はもっと上昇したほうがいいでしょうし、失業率についてもまだすべての人が戻りきってはいないでしょうから、もう少し金融緩和したほうがいいのではと思っています。

ケント　私の友人に、両親がロサンジェルス近郊の高級住宅街に家を所有している人がいて、それを自分で購入しようかどうか迷っていました。もし賃貸に出せば、月５０００ドルの家賃はとれる豪邸です。でも、貸せないんですよ。いまアメリカでは。

というのも、そういう高級物件を借りるのは、ほとんどがＩＴ産業に勤める外国人だったんですが、政府は彼らにビザを与えていないのです。

上念　どうやらそのようですね。トランプ大統領は、専門性の高い知識や技術を有する外国人に発給する就労ビザ「Ｈ－１Ｂ」の審査を厳格化しているといわれています。そのような通達が明確にあったわけではないのですが、申請が通りにくくなるなど、どうも水面下で規制が行われているのではないかとの憶測を呼んでいます。

ケント　おかげで、お金のある外国人が激減していて高級賃貸物件は貸せないものだから、結局、購入をあきらめたそうです。

上念　なるほど、そういう事情があったのですか。するとカリフォルニアの不動産はピークアウトするかもしれませんね。

私が耳にした情報では、サンフランシスコの中心部はだいぶピークアウトしたと聞いていますが。

ケント わかりません。サンフランシスコはアメリカではないと思っていますので（笑）。もしサンフランシスコで働くとしたら、地下鉄に乗って少し郊外に住んだほうがいいですよ。

上念 その郊外も、中心部に連られてかなり上がっているんですね。たとえば、サンフランシスコからサンノゼにかけたエリアは、ワンルームマンションの家賃が50万円もする世界です。シリコンバレーの初任給は日本円にして1300万円ほどですが、住居費で600万円ももっていかれて、生活は苦しいようです。

ケント 息子も文句を言っていました。家族でサクラメントに住んでいますけど、このあいだ、家賃が「1750ドルから2000ドルに上がった！」と。いっそのこと買ってしまおうかと言うので、「買わないほうがいい」とアドバイスしました。

庭付きダブルガレージで2000ドルであればそれほど高くはないし、余剰資金は投資に回しておけばいい。というのも、アメリカでは土地の価格は頻繁に上がったり下がったりしますから。

その点、日本はまったく値動きしませんね。一度、バブルが弾けてドーンときたけど、乱高下にはならない。この先も基本的に上がらないと思います。

不動産を買うおもな目的は、キャピタルゲインか節税ですが、値上がり益を期待するのはもはや無理です。節税としてはじゅうぶん使えます。あとは収益性ですね。

◎安すぎる日本の固定資産税が土地の流動性を低くする

上念　不動産の収益性は、東京あたりでもかなり低いですよ。表面利回り３％でも優良物件といわれています。

ケント　３％だったら、優良株を買ったほうがいい。配当だけでそれくらいになるから。

上念　そうですね。日経平均のＥＴＦ（上場投資信託）を買ったほうがよっぽどいいです。分配利回り１・７％くらい期待できるし、流動性などの点で圧倒的に有利です。

ところで、日本の土地がなぜ値動きしないかというと、流動性がまったくないんですね。

変な土地神話を信じているから、地方の活性化が全然進まない。その原因の一つは、不動産の維持コストが安すぎるのではないかと思うのです。

ケント　それはいえます。アメリカと比較すると、日本は固定資産税がすごく安いです。

上念　アメリカの国定資産税はどれくらいですか？

ケント　高いですよ。私が日本とアメリカに所有している家は、どちらも評価額が同じくらいなのですが、日本の固定資産税は年々下がっていて、いまは1年で約14万円ほどです。逆に向こうでは少しずつ上昇し、２０１７年が５５００ドルでした。

上念　５５００ドルということは、約60万円！　全然違いますね。すぐにでも回さないと、死んでしまうじゃないですか。

ケント　そうなんですよ。アメリカでは家をもつこと自体が経済的に割に合わないというか、理に適《かな》っていないのです。私も好きで所有しているだけで、本来なら、売ってしまったほうがいい。もう子供たちも独立していますから、夫婦で暮らすのにじゅうぶんなコンドミニアムにでも入る。普通ならそうします。買い替えれば、利益の50万ドルは免税、登録免許税も取得税もない。すべてにおいて経済効率を考えて流動性を高める方針です。
でも、日本では、田舎の家はそのまま置いておきますね。

上念　日本では、もう住んでもいないのに、かといって、誰にも使わせないというケースが多いのです。

ケント　使わないのなら売ってしまって、おばあさんに都会のいいマンションでも買ってあげればいいと思うんですけどね。

上念　古い家を建て替えて戸建ての賃貸にするとかですね。活用する方法はいくらでもあるのですが、ほとんどの人がもっていることに満足しているのです。
これも所有するコストがほとんどかからないからで、住宅さえ建っていれば、小規模住宅用地なら減免措置が働いて固定資産税は通常の6分の1です。だから、使わないまま放置され老朽化した空き家がそこらじゅうに広がって、いま問題化しています。

ケント　友人が空き家だった物件を借りて、三重県名張《なばり》市に住んでいますが、おしゃれな外人仕様で、床面積200平方メートル、車3台駐車できる庭付き一戸建て住宅の家賃がたったの9万円です。名張といっても、大阪の難波まで電車で1時間です。

上念　安いっ！　しかもサクラメントより断然、都会じゃないですか。

この差はいったい何かといえば、やはり経済政策の差だと思うのです。もちろん、アメリカと日本では経済構造も違いますが、日本はデフレに陥ってからおかしくなっているんですね。日本の土地はやはりおかしいです。

◎トランプは英雄になれるか

ケント　話をトランプ大統領に戻します。リベラルなメディアは、トランプ大統領を「下品で派手で女好きで、差別主義的な人間」で、あたかも史上最悪の大統領であるかのように強調していますが、歴代の大統領と比べてみるとじつはそうでもないのですよ。彼は再婚していて経営していた企業の破産も経験していますが、酒も飲まないし、タバコも吸いません。

上念　離婚歴のある大統領は初めてですか？

ケント　いいえ、レーガン大統領が最初でした。

上念　するとナンシー夫人は二人目なのですね。レーガン大統領は元俳優ですから、離婚歴があっても不思議ではありません。

ケント　一人目の妻はオスカー女優のジェーン・ワイマン。彼女は4回結婚しています。彼女がなぜ別れたかというと、レーガンが浮気をしすぎちゃったから。ひどいプレイボーイで、誰とでもすぐ浮気していたようです。

２０１８年5月にトランプ大統領は、ポルノ女優との関係を取り沙汰されて非難を浴びていましたが、こういう過去の女性関係を問題にするというのは、おかしいんです。レーガンがまさにそうでしたし、ケネディ大統領なんて在任中にもそうでしたから。

上念　ケネディ大統領の下半身の節操のなさはあまりにも有名で、マリリン・モンローとも関係がありましたね。

ケント　それを無視して、リベラルメディアは「トランプ大統領が昔、関係をもったポルノ女優に口止め料を払った」と騒ぎたてるのです。でも、口止め料を払うのは法律違反ではありませんよ。

上念　それも本人ではなく、弁護士が払ったんですよね。2016年の大統領選挙の最中に担当弁護士が口止め料を払い、後に自分が弁護士に払い戻したことを、トランプ大統領はＴｗｉｔｔｅｒで認めています。

ケント　政治資金から支払ったわけでなければ、たとえ本人が払ったとしても問題ではありません。こんなことは誰もがやっていることです。むしろ口止め料をもらった女性には秘密を守らなければならない守秘義務が発生して、不履行の場合は賠償を請求されます。

上念　さすが契約社会のアメリカです。

いまの話を聞いて、1987年のゴルバチョフ訪米による米ソ首脳会談を思い出しました。そのとき私はちょうどアメリカに留学していて、テレビで報道を見ていたのですが、ゴルバチョフは知的で賢いのにレーガンは無知で品がないというような、どこもひどい論調でした。

ナンシー夫人叩きもひどくて、服がダサい、センスがない、こんな女性がファーストレディとはアメリカ人として恥ずかしい、などと散々でした。つまり、このようなメディアの報道はいまに始まったわけではなく、１９８０年代からずっと続いているものなんですよね。

ケント　いや、それ以上、もっと古くからかもしれません。私が思うに、歴代大統領のなかで本当に英雄と呼ばれているのは、４人しかいないと思います。まずはアメリカ建国の父であるジョージ・ワシントン。次に南北分断を阻止し、奴隷を解放して平等という原則を確立したエイブラハム・リンカーン。３人目は意外なようですが、フランクリン・ルーズベルトです。

上念　ルーズベルトは日本にとっては最悪ですね。

ケント　そうです、最悪です。日本を戦争に巻き込み、政権も共産主義者だらけの真っ赤で最悪なんだけど、しかし英雄なのです。なぜかというと、手段は悪かったものの、アメリカを世界でいちばん強い国にしたのが彼だからです。

そして４人目が、米ソ冷戦に勝ったレーガンです。

ただ、アメリカ人のなかにも「ケネディだ」と言う人がいます。

上念　ＪＦＫのわけがないですよね。

ケント　ケネディはたんに女癖の悪いプレイボーイで、あれはまさに「東海岸のリベラルの産物」ですよ。ケネディ一族が大富豪になったのは、禁酒法の時代に売った密造酒で儲けた金を株に投資し、大恐慌の直前にそれを売り払ったからです。ただ、それだけ。冷戦でソ連を崩壊に追い込み、共産主義に勝利したレーガンとはわけが違います。まさに「Morning in America」、アメリカの夜明けです。

上念　そのレーガンのスローガンを受け継いだトランプ大統領が、「Make America Great Again」と、それに続こうとしているわけですね。

トランプ大統領が復活させようとしている「偉大なアメリカ」というのは、どのようなものなのでしょうか。

ケント　そうですね、そのことについては、次の章で述べていきましょう。

第2章

「忘れられたアメリカ」の逆襲が始まる

◎忘れられたアメリカ人

ケント　ここで少し話題を変えて、私の子供の頃の話をしましょう。私の地元のユタ州はとても田舎で、現在のアメリカとはずいぶん印象が違うかもしれませんが、その時代を振り返ることで、「忘れられたアメリカ」を理解する、何かヒントが得られるかもしれません。

私の父親は農家育ちで、10人兄弟の末っ子でした。父が12歳のときに父親（私の祖父）が脳梗塞で倒れてしまい、二人の兄は独立していて、残りは姉ばかりだし、ほとんどが嫁いでいましたから、自分が農業を手伝わなくてはなりませんでした。広大な小麦畑の。ドライファームってわかりますか？

上念　いえ……。

ケント　ドライファームというのは、農地を縞状にして、交互に2年おきにしか種をまかないのです。一方を1年間休ませて水と養分をためておいて、もう一方で作物をつくる。とても広くて作業も大変ですから、父は収穫が終わる11月から3月くらいまでしか学校に行けませんでした。しかし、飛び級で高校を卒業しています。

夜明け頃になると、遠くからコンバインのエンジンがいっせいにかかるのが聞こえるのですが、誰がいちばん先にかけるかを競っていたそうです。まだ夜も明けない時間にエンジンをかけても意味がないのに、父にとってはそこで一番になるのがとても誇りだったのです。

上念　すごいですね。12歳からずっとそれを続けたのですか？

ケント　はい。そういう父でしたから、私も早くから働くことを覚えなければいけないと、16歳の誕生日からアルバイトをさせられました。１９６０年代の終わり頃の話です。

最初に始めたのは絨毯《じゅうたん》屋さんのバイトでした。ただお店で絨毯を売るだけではなく、寸法どおりにカットして住宅に敷きつめる。だから、いまでも内装作業はお手のものです。

上念　アメリカの保守的な家庭というのは、地域や教会を通じて、働くことの大切さを学ばせますよね。ボーイスカウトにはそのためのキットがあるほどです。

ケント　近所を回って販売するワッペンや食べ物を集めた「資金づくりキット」ですね。

私はボーイスカウトだけでなく、学生新聞に掲載する広告の営業もしましたよ。私の高校では、新聞の発行は4面を月1回発行のはずが、営業担当の生徒がやり手だったので、16面の新聞を月2回発行していました。高校のなかではそこまでたくさんのニュースがないので、美術部の作品を載せるなどしていました。

バイトの話に戻りますが、その絨毯屋というのは父の友人の店でした。「うちの息子を使ってくれ」と頼んだのですね。社長はとてもいい人で、「君はまだ高校生だから、高校の活動をじゅうぶんに楽しみなさい。時間があるときだけここで働きなさい」と言ってくれました。ですから、働くのはおもに週末や試験期間でした。試験なんかたいして勉強しなくてもできましたからね。その店では、大学院を出るまで自由に働かせてもらいました。

上念　ケントさんの話を聞いていると、何か古きよきアメリカの中産階級の暮らしを連想させますね。いまのアメリカの大学生たちは、大学に行くために教育ローンを組むか、もしくは奨学金を得るためにみんな汲々《きゅうきゅう》としているじゃないですか。

SAT（大学進学適性試験）を受けて、パーソナルステートメント（志望動機書）を書いてと、日本と同じように受験、受験になってしまって、そういう成れの果てが集まっているのが東海岸のアイビーリーグとかでしょう？　しかも卒業と同時に2000万円、3000万円の借金を背負ってスタートしなくてはならない。昔は大学の授業料ももっと安かったし、働きながら勉強もできた。

◎アメリカの学生はローンまみれ

ケント　最近の統計では、4年制の大学を卒業した人は、卒業時に平均約4万ドル（約440万円）の学生ローンを抱えています。大学に行く費用は、親が大部分もしくはすべてのお金を払うのが9％、親が半分くらい払うのが11％、親が少し払うのが35％で、親がまったく払わないのが45％だそうです。だから大学に行きたい人は、自分で稼ぐか、学生ローンを組むか、もしくは家族に支払い能力がなければ学費のための援助交付金をもらう必要があります。

優秀な学生なら、返済不要の奨学金を得ることができるので、高校時代から必死に勉強します。学費だけでなく生活費のことも考えると、大学卒業までの必要経費は平均でも軽く1000万円を超えますね。上念さんが言うアイビーリーグの大学なら、学費が高いので、たしかにそのような金額になります。

さらにいうと、法科大学院の卒業生は平均1240万円の借金を背負って卒業します。また、MBA（経営学修士）を取得した時点では、平均10万7000ドル（約1240万円）の返済義務を背負っています。そして大学院の医学部の卒業生は、平均24万6000

ドル（約2700万円）です。

私の時代は、高校生でもバイトをしない学生はほとんどいなかったですね。とくに子供が多い家では、そうならざるをえないのですよ。16歳になったら車も運転できるようになるし、自分の遊ぶ金やガソリン代は自分で払いなさいとなる。親が車を買ってくれるということも、まずありませんでした。

よく聞かされたのは、「バイト歴がないと就職できない」ということです。なぜかといえば、バイト歴がない学生は採用しても本当にちゃんと働くのか、雇う側は確認のしようがないのです。

日本では、企業はバイト歴のかわりに部活の履歴を見ますよね。運動部や吹奏楽部の経験があれば、チームワークを発揮できるとの推定が働くわけです。

私の所属する教会では福祉の事業があるので、福祉農場（果樹園）の仕事もずいぶんとさせられました。早朝のまだ暗い午前4時45分から、そしてサマータイム制が導入されてからは、夕方の時間帯から暗くなる午後9時頃まで、農場で働きました。これは福祉ですから、もちろん給料は支払われません。

父はよくこう言っていました。

「いまおまえは、恵まれた環境にある。けれども、いつか自立できなくなるときがくるかもしれない。だから、いまは助けが必要な人のために働いたほうがいい。そうすれば、自分の身に何か起きたときも遠慮せずに援助を受けることができる。それが福祉社会というもので、ただ一方的に行政に頼るのではなく、みんなで協力し合うものなんだ」とね。

私は働くことの価値を、自分の子供たちにも教えたいと思っていましたが、東京ではなかなか難しかったです。あるとき、ボーイスカウトで港区の有栖川公園の落書きを掃除するボランティア活動を計画し、行政に申請したところ、断られました。

上念 ボランティアに何の問題があるんですか？

ケント すでにそのための業者がいるんですよ。少年たちにやらせればいいのに、業者の仕事を奪うことになるからダメなのです。あれにはガッカリしました。

そういうこともあって、子供たちは高校生からアメリカに戻したので、そちらで福祉の考え方（第一に自立）を学んでいます。だから、私の息子たちはよく働きますよ。

◎変化するアメリカの教会

上念 おっしゃるように、アメリカはいまでもわりと宗教的な倫理観に基づいていて、「いずれ裁きの日がくるかもしれないから、いまのうちにたくさん人を助けておいたほうがいい」と奉仕活動をされている方がいっぱいいますよね。

トランプ大統領が「忘れられた人びと」と言っているのは、それこそ、そういうプラクティスの中にいる人たちなのではないですか？

ケント そうです。けれども、ニューヨークやサンフランシスコのような都会では、東京と同様に、そのような活動は難しくなっています。

上念 私のアメリカ人の友人はフィラデルフィア在住ですが、子供たちはいわゆるリベラル的な奉仕活動をやっています。いちおう近所の教会の活動ですが、信者ではないみたいです。

ケント リベラルの家庭で育った子供たちは、自分たちは指導層になるエリートだと妙な優越感や特権意識をもっているので、奉仕活動に興味がないケースも多いですよ。

実際、都会の教会に毎週、通っている人は非常に少なくなりました。

上念 逆に、ユタ州などでは、おそらく昔と変わらず、日曜日は教会で顔見知りの仲間と一緒に過ごすことがいまも続いているのだと思います。

ケント そうですね。日曜日には町の半分の人が教会に行きますね。

上念 私もニューオーリンズを訪れたときに驚いたのですが、日曜日はショッピングモールのオープンが午後3時で、2、3時間しか営業しないんです。理由を聞くと、「みんな教会に行って、こんなところには来ませんから」ということでした。

ケント 私の子供の頃は、日曜には店はすべて閉まっていました。町はひっそりと静まりかえって、ガソリンスタンドもやっていませんでした。もっとも、チェーン店が進出してからは、お店も営業するようになりましたが、それでも日曜日は人がまばらです。ちなみに、週末手当で従業員の賃金は1・5倍になります。祝日になると2倍です。

上念 私が留学していた1987年頃には、ニュージャージーにもまだそういう教会が残っていました。わりとプロテスタント系の教会はそうで、地域にがっちりコミュニティをつくって、日曜日は必ずみんなでランチを食べる。その後、アクティビティに行ったり、奉仕活動やボーイスカウトに従事するというかたちでした。

ケント　結局、昔は自然か人間と触れ合う以外に、楽しみが何もなかったのですよ。あまり娯楽がありませんから、教会が生活の中心だったのです。教会員がつくったお芝居を観劇するとか、食事会を開くとか、バスケットボールのリーグ戦があったりしたわけですが、いまはテレビもネットもあるし、スマホさえあれば何もいらない。人間と触れ合う必要がなくなりました。教会のもつ意味が、だんだんと薄れてきてしまいました。

上念　たしかに、アメリカの教会は変わりつつありますね。

教会のあり方自体にも変化が出ていて、テレビ伝道師などによる新しいテクノロジーを駆使した宣教形態も、かなり普及してきているようです。

実際、サンアントニオとオースティンをつなぐ高速道路周辺には巨大なコンサートホールを思わせる教会がいくつもできていて、すべてテレビ宣教師のものということでした。こうした中継をテレビやネットで見て、「いやあ、よかった。やる気が出たから、また月曜日から頑張ろう」と教会へ行った気分になる人びとも増えているのでしょうか？

ケント　現在、〝カリスマ牧師〟の教会が1650ほどあるというので、その手のものは増えてはいますが、割合としては少数です。しかもテレビ伝道師はよく腐敗します。放送を通じてたくさんの信者を獲得しますから、お金が集まりすぎて、変な目的に使うなど、おかしくなることも多い。
そもそもテレビ伝道師というのは、たいていナルシストであって、彼らを宗教家といっていいのか非常に疑問に思います。

上念　そうでなければ、あのような巨大な教会などつくりませんね。

◎ボーイスカウト文化の衰退

ケント　私が子供の頃、教会には日曜学校のほかに木曜学校もありましたが、それはもうなくなりました。現在は青少年向けの聖書の勉強会がありますが、学校の勉強が忙しいからということで、出席率が悪いですね。
私が所属している教会（末日聖徒イエス・キリスト教会）は、ボーイスカウト活動にとても力を入れていて、ＢＳＡ（ボーイスカウトアメリカ連盟）の公式スポンサーを何年も続けていましたが、２０１９年末をもってやめることになっています。

上念　「ボーイスカウト」がなくなるからじゃないですか？　ポリコレで女子も参加させなくてはならなくなったと聞きましたが。「ボーイスカウト」は「スカウトＢＳＡ」という名称になるそうですね。
ガールスカウト団体がこれに反発している一方、「ボーイスカウトの伝統が損なわれる」という批判もあるそうですね。

ケント　そういう声もあるし、ＢＳＡがゲイの指導者を解禁したことをあげる人もいました。
しかし本当の理由はそうではなくて、うちの教会はいまや世界中に広がったからです。昔はほとんどアメリカ西部にしか存在しませんでしたから、そこの文化にあわせて活動していましたが、じつは現在はアメリカ人ではない会員のほうが2倍、3倍も多いのですよ。メキシコ、ブラジルだけでも各１００万人いて、アフリカでもどんどん増えています。彼らはボーイスカウトなんかやりません。

上念　まあ、文化が違いますからね。

ケント　東京の教会でも、アメリカ人の子供は参加するけれど、オーストラリア人やスリランカ人、中国人などは興味がない。すると教会本来の青少年プログラムから外れて、必要な指導が受けられなくなってしまいます。だから教会は独自に、もっと世界の国々の人びとが参加して実施できるものをつくったのです。

あとは男女平等です。ボーイスカウトには教会としてお金を投資していましたが、女性のための活動は手づくりだったんです。そうすると、男女平等を考えると、これはちょっと違うということになったようです。

新しい計画はまもなくスタートしますから、どういうかたちになるか、再来年の2020年が楽しみですね。しかし、私も含めて、少年期からの人格形成のために、あれだけ力を入れてボーイスカウト活動をしてきたことを考えると、非常に複雑な気持ちになります。

上念　複雑な問題ですね。アメリカの西部にしかなかった頃は、ボーイスカウトに参加するのが当たり前だったのに、国際化しすぎて、必ずしもそうではなくなってしまったのですね。

ケント　私の子供時代は、ボーイスカウトをやらない男子なんていなかったですよ。「イーグル」という最高位を獲得したスカウトもたくさんいました。イーグルになるには、最低21個のメリットバッジの獲得が必要で、残念ながら私は20個しかとれなかった。イーグルに必須の「ライフセービング」がうまくいかなくて、断念したんです。だから私は生涯ライフスカウト（イーグルに次ぐランク）です。

上念　イーグルを獲得すると、どうなるのでしょう？　調べると、宇宙飛行士のニール・アームストロング、ジェラルド・フォード大統領など、多くの著名人が名を連ねています。

ケント　イーグルになると、「この人物は目標に向かって常に努力し、それを達成してきた」ということで評価がよくなり、進学や就職がしやすくなります。

上念　アメリカの大学入試は、すべて日本でいうところのＡＯ（アドミッション・オフィス）入試ですから、そういう学外の活動をとても評価するんですよね。

日本ではいったい何を見ているのか、まったくわかりませんが。だいたいＡＯに対しての塾があるくらいで、おかしいですよ。

ケント　ははは、まったくそのとおり。そもそも受験のための学習塾なんてものは、アメリカにありませんでしたよ。

上念　ケントさんのお話に出てきた「忘れられたアメリカ」の人たちが、いまも昔と変わらないメンタリティのなかで生きているということを、日本人もよく理解すべきですね。

◎福祉社会が依存社会に変質するとき

ケント 前の項で私は「福祉社会」とは、誰かに一方的に頼るのではなく、人びとが協力し合う社会なのだと話しました。いま自分は恵まれていても、いつか自立できなくなるときがくるかもしれない。だから、いま困っている人を助けなさい。そうすれば、遠慮なく自分も援助を受けることができる。そのことを私は父から学びました。

しかし、この「福祉社会」というのは、一歩間違えると「依存社会」へと容易に変質してしまいます。「福祉社会」はみんなが自発的に参加して、お互いに支え合うことで成り立ちます。

ところが、リベラルが考える「福祉社会」というのは、自分は何もしなくとも、大きな政府がすべてを与えてくれるものなのですよ。このところ各国で導入が検討されはじめているベーシックインカムについても、私には強い抵抗感があります。何もしないでもらえるというのは……。

上念 ベーシックインカムについては、少し誤解があるようです。日本では生活保護や年金が問題になっていますが、それらをすべて廃止してベーシックインカムに集約するというのが、この制度導入の肝です。既存の社会福祉給付を残したまま導入すれば、二重にコストを積み上げることになってしまいます。

現行の生活保護などの給付制度は何らかの受給資格を設け、それをクリアできているかを人が審査をしています。これに対して、ベーシックインカムの場合はたんに収入要件だけで給付をしますから、不要な審査および管理コストが削減できることになります。

しかも支給される金額は普通に暮らすには少々足りなくて、最低限度の生活を保障するギリギリしか出さない。たとえば日本で支給されるのは1人当たり月7万円、4人家族では28万円程度ではないかと予測されています。収入に応じて、支給額も変動します。

ケント　ベーシックインカムに生活保護、食事配給券などもあるならば、わざわざ働いて税金を引かれるよりも、働かないほうが有利と思う人が出てきてしまいますよね。

上念　だから社会保障制度をすべて廃止して一本化しようかというのが本当のベーシックインカムの議論なんですね。いまある制度の上に乗っけてしまうと、これは全然意味がない。

財政的には、ベーシックインカムに切り替えてもいまの制度を続けても、それほど変わらない。福祉予算は変えないで、より効率的に配分できるであろうという発想がベーシックインカムの根底にはあるのです。そこを勘違いしている人が多いのです。

ベーシックインカムは、働くためのインセンティブをきちんと設計するとうまくいくといわれていますが、どうなるかはわかりません。実際、2017年から2年間の予定で、フィンランドが実験的にベーシックインカムの試験導入を開始しましたが、すでに同国政府は「実験の延長はしない」と宣言して事実上、失敗に終わっています。

ケント　福祉政策のいちばんの基本は、「自立」です。一人ひとりが働いて、自分の面倒を自分で見る。それができない場合は、家族で協力し合う。それもできない場合は、いろんなボランティア団体や、アメリカの場合ですと宗教団体に協力してもらう。

そういうプロセスを経て、どうしてもうまくいかない場合だけ、最後は行政にお願いするのです。

それが、リベラルは最初から「行政に頼る」という発想なのです。だから福祉団体、ボランティア団体を管理しようとするんです。本末転倒なんですよ。

上念　ああ、まさにいまの日本がそうですね。

ケント　するともう、誰も弱者の救済を自発的にはやらない。やろうと思っても行政に管理されるから、すごくやりにくくなってしまう。これは福祉社会を勘違いしていますね。

◎カトリックとプロテスタントの違い

上念　留学時代の話はすでに何度かさせてもらいましたが、私は、ケントさんの言う「忘れられたアメリカ」にギリギリふれているんです。ちょうどレーガン政権の終わり頃です。

私にはホストファミリーが二つありまして、一つは保守的なアメリカ人の、ごくありふれた一般的な中産階級の家でした。

そして、もう一つが前述した在米キューバ人の成功した人たちです。

二つの異なるファミリーで生活をしてみて、強く感じたことは、両ファミリーとも宗教に対する信仰心がとてもあついということでした。

一つめの家では、毎週日曜日になると必ず教会へ行きます。

もう一方の家はカトリックで、ニュージャージー州ニューアークにあるカテドラル（大聖堂）によく連れていってもらいました。そこには、とくに檀家ではない人たちもたくさん集まっていて、みんな熱心に祈りを捧げている。非常に地域に溶け込んでいる印象でしたね。当時のアメリカは、宗教心がいまよりもずっと強かった。

ケント いまも強いですよ。たしかに、だんだん弱くなってはきていますが。

キリスト教の教会には、大きく分けてカトリックとプロテスタントがあります。

カトリックには聖職者である神父がいて、信者の懺悔を聞いてくれて、ミサを行います。カトリックは慈善活動も積極的に行いますし、多くの学校も経営していますが、あくまでも主導権は聖職者にあって、中央集権的な、やや形式的で厳格なイメージがあります。なにしろ、会員が12億人もいる巨大な世界的組織です。アメリカのカトリック信者は約7000万人いて、日本には約50万人います。教義の内容は非常に保守的です。

一方のプロテスタントは、世界的に9億人の信者がいますが、宗派は数千あるといわれています。強調する教義や礼拝のスタイルがそれぞれ異なっています。

大きく分けると、Adventism（再臨待望運動）、Anabaptist（アナバプテスト）、Anglican（聖公会）、Baptist（バプテスト教会）、Calvinism（カルヴァン主義）、Lutheran（ルーテル教会）、Methodist（メソジスト）、Pentecostal（ペンタコスト派）になります。

また、アメリカの地方によって強い宗派が違います（宝島社『日本覚醒』に詳しく書きました）が、共通の特徴として、民主的で、たいていは信者がお金を出しあって牧師を雇います。しかも、宗派によって牧師が女性だったり、同性愛者だったりしますよ。

プロテスタントの牧師は、どちらかというと教会のまとめ役のような存在であって、教会の活動も手づくりなんです。ですから、教会に委員会があって、食事会をやったりスポーツ大会をやったり、地域社会の中心になる。それが普通のプロテスタントです。

カトリックはチャリティがとても盛んです。カトリック・チャリティ（Catholic Charities）は、世界的な規模で行われていて、私の教会の独自のチャリティも、サハリンの地震やインドネシアの津波への支援のような大きなものは、カトリック・チャリティと協力して行います。大きな事業はカトリックでないとできないのです。

上念　日本でたとえるなら、プロテスタントはいわば田舎の神社ですね。お祭りをやるにも氏子やその地域の顔役たちが出てくる。カトリックはそれこそ明治神宮のような感じで、プロの神職がすべて仕切っているわけです。

ケント　そのような感じだと思います。

上念　ニューヨークではマンハッタンにあるセントパトリック大聖堂が有名ですけれども、あれはアイルランド系ですか？

ケント　アイルランド系カトリックです。かっこいい教会ですよね。ニューヨークでいちばん美しいのではないでしょうか。

上念 あの教会は入り口が開放されていて、観光客もたくさん見学に訪れます。建物の中には信者さんもいて、熱心にお祈りしていますが、去年行ったときは、その数がとても少なくなったような気がしています。

やはり私の留学当時に比べると、いまは宗教に対する信仰が下火になっているのかなと思います。マンハッタンにはどこにも教会があるのに、行く人は減っているんですか。

ケント クリスマスとイースターにだけ行くという人が増えていますね。

昔は、カトリックの礼拝というのはラテン語で行われていたんですよ。ラテン語ですから何を言っているのかさっぱりわからないのですけど、とてもミステリアスで霊的な気持ちになって帰ります。現在はその国の言語で行います。

それにしても、たしかにニューヨークは教会が多いですね。

上念 信仰が薄くなっているとはいえ、これだけ教会が林立しているのを見ると、やっぱりアメリカはキリスト教の国だとあらためて実感します。

◎リベラルアーツ教育が根づくアメリカ

上念　ニューヨークに行くと、私が必ず訪れる場所があるんです。マンハッタンの北の端、ワシントンハイツのフォート・トライオン公園に隣接するクロイスターズ美術館です。

ここはＭｅｔ（メトロポリタン美術館）の別館で、ロックフェラー２世の寄付により創設されました。戦争で破壊されたフランス修道院の回廊などを移築してつくられていて、一歩中に入るとまるで中世のような佇《たたず》まいです。

高校で美術部に所属していたホストブラザーに「今度、見学会があるからおまえもこいよ」と誘われたのがきっかけで、それ以来、お気に入りの場所になっています。展示は宗教美術がメインですので、ケントさんもぜひ訪ねてみてください。

ケント　ぜひ見てみたいです。私は美術に関してはまったく鈍感なのですが、一ついい思い出があります。アメリカでロースクール（法科大学院）に進学するには、ＬＳＡＴ（Law School Admission Test）という適性試験を受けなければなりません。私はＬＳＡＴの受験を試験の２週間半前に決めたので、ほとんど準備する時間がなかった。

そこで先生に相談すると、こうアドバイスしてくれました。

「毎日、『ニューヨークタイムズ』を隅から隅まで読むこと。そして中世について書かれた古典美術の本を1冊読んでおきなさい」

「ニューヨークタイムズ」を読むのは、時間がかかるけれども眠くはならない。しかし古典美術の本は、読みはじめたらすぐ寝てしまいます。1冊読むのに2週間半かかりました。

ところが、ＬＳＡＴにその美術の問題が出たのです。

上念　まさしく、これぞリベラルアーツですね。

ケント　読んでおいてよかった。読んでなければ、合格点をとれなかったでしょう。

そのときから美術に興味をもちはじめたのですけれども、鈍感なのはいまもあまり変わりません。１９８０年代に出演していた「世界まるごとＨＯＷマッチ」（ＴＢＳ系列）というクイズ番組には、惜しい答えにはニアピン賞が出て、10個並べると世界一周旅行がもらえるルールがあったのですが、８個になると必ず美術の問題が出るのです。

上念　苦手なところをわざと狙ってくるのですね。

ケント　ええ。あるときはゴーギャンの絵が出題されたのですが、ゴーギャンなんか知らない私は、何桁も違うとんでもなく安い値段をつけてしまいました。司会の大橋巨泉さんに「なんでそんな値段をつけたのか」と聞かれたから、「だって、あまりいい絵だと思わない」と答えました。そうしたら、「おまえアホか」と巨泉さんが大喜びで、私のニアピン賞を没収していきました。答えが2桁以上外れると、ロストボールといって1個失ってしまうのです。

それでも出演回数の割合で計算すると、世界一周をもっとも多く獲得した回答者ではありましたけれど。

上念　でも、さすがです、アメリカの教育は。ロースクールの試験に古典美術の問題が出題されるなど、リベラルアーツ教育がしっかりと根づいています。とはいえ、じつは日本の戦後の大学教育も、そうしたアメリカの教育をモデルにつくられているのです。文部科学省のホームページにはこうあります。

「我が国の大学における教養教育は、戦後、米国の大学のリベラルアーツ教育をモデルに一般教育として始まった。新制大学は、一般的、人間的教養の基盤の上に、学問研究と職業人養成を一体化しようとする理念を掲げており、このため、一般教育を重視して、人文・社会・自然の諸科学にわたり豊かな教養と広い識見を備えた人材を育成することが目指されたものである」

現在の４年制大学が一般教養と専門の二つの課程に分かれているのはそのためで、まずは一般教養で幅広い知識を身につけて、そのうえで専門職業教育を学ぶようになっています。なぜこのような2階建て構造になっているかといえば、専門バカを生まないようにするためです。

昔の旧制高校というのは、まさにこの一般教養課程を学ぶプロセスでした。しかし、その旧制高校が廃止され誕生した新制大学は、文科省の理念とは裏腹に、なんとも中途半端なかたちになってしまっています。

たとえば、アメリカのロースクールをモデルとして、２００４年、大学に法科大学院が創設されたのはいいのですが、11年に司法試験予備試験（旧司法試験の廃止にともない、法科大学院を修了した者と同等の学識を有するかどうかを判定し、司法試験の受験資格を付与するために行われる国家試験）ができると、受験資格を得るだけならこれにパスしたほうが得なのではないかと、法科大学院に行かない学生が増えました。

結局、日本人は勉強より試験が好きで、昔の旧制高校とかリベラルアーツのような教育にはもう戻したくないのかもしれません。

ケント　私も、試験が上手ですよ。日本に生まれていれば事務次官になれたかもしれません。それくらいの実績を残せたと思います。ただ、官僚組織のなかではとても働けない。

上念　自由を愛すということですか？

ケント　これまで私は、人に何かをやらされるのではなく、自分で世界をつくっていくことを教わってきたし、実践してきたわけです。バイトも人助けも自分の意志ですべきだと考えている。誰かに自分の行動や人生を管理されるなど、絶対に嫌です。だから試験の点数的にはなれただろうけれども、官僚になろうとは思わなかった。

上念　いま、まさにそれを言おうと思っていました。

日本のエリート教育の問題点は、試験だけできる優等生がたくさん生産されてしまうことです。いまのアメリカがどうかはわからないけれども、少なくともケントさんの時代とか、僕がアメリカにいた頃は、学生は試験の成績だけでは評価されませんでした。「アイビーリーグはSAT（大学進学適性試験）で決まる」とは言われていましたが、みなレコメンデーション（推薦状）を書いてもらうために、水泳の大会に出て賞を取るとか、ボランティア活動をするとか、とても一生懸命でした。それはいまでも変わらないですよね？

ケント　昔と変わらず、みんなやっています。むしろ、その傾向が強くなっていると思います。

上念　日本と違って、ガリ勉はあまり評価されないのがアメリカです。そもそもアメリカの官僚制度自体が、試験官僚制ではありません。第1章でも触れましたが、トップはみな政治任用です。日本のように「公務員試験第何期の平成何年の国家公務員試験でトップでした」と自慢したところで、「だから、何？」で終わってしまいます。

ケント　そんなことを自慢する人間は、端《はな》から怪しいですよ。

◎日本は試験官僚制をやめるべき

上念　じつは私、拙著『財務省と大新聞が隠す本当は世界一の日本経済』（講談社）の執筆中に、日本の経済官僚がどれだけ素人かということを証明するために、歴代事務次官の学歴を調べてみました。もちろん、みなさん全員、東大卒ですが、一人を除いてすべて法学部卒業でした。経済官僚なのに法学部卒です。

まあ、私も経済評論家ですが、法学部卒ですけどね（笑）。

日本の官僚は学部に関係なく、たんに公務員試験の成績で決まるので、たとえば文学部の学生が試験で優秀な成績を修めれば、財務省でも科学技術庁でも、どこを受けてもいいわけです。

では、アメリカの財務省は職員をどう採用しているのかというと、まずは省内でボランティアをしなければいけません。これを2、3年続けて、やっとノミネートの資格ができます。そのボランティアになるにも条件があって、アカウンティング（会計学）やエコノミクス（経済学）、ファイナンス（財政学）といった業務に関連した学業上の実績がないとアプライ（申請）できない。

両者を比べれば、どちらがふさわしいか一目瞭然《いちもくりょうぜん》です。バックグラウンドがない人間に仕事ができるはずがありません。そう考えると、日本の学校教育とは何なのだろうと悩んでしまいます。法律を勉強してきた人が、なぜ経済官僚になれるのでしょう？

ケント　アメリカでは不可能ですね。

上念　アメリカは猟官制（政治的情実によって公務員が任命される）で、ついこのあいだまでゴールドマン・サックスの会長だった人が「はい、今日から財務長官です」とやってくるわけです。

そして終わったら、また民間へ戻っていく。猟官制にもいろいろ問題はありますけれども、それをいうなら日本の試験官僚制こそ問題にするべきです。ただ試験の成績が優秀なだけのガリ勉が偉くなっても、世の中のことなど何もわかっていないし、ろくなものではありません。だいたいラーメン１杯も売ったことのない人間が経済官僚なんて、おかしいです。

アメリカの学生は専門分野はもちろんのこと、ボランティアもして美術も勉強してスポーツもしなければならない。アメリカの大学は同時にメジャー（専攻）を二つ選べて、ロースクールの学生が同時に音楽を学んでいたりしていますからね。

ケント　私も大学ではダブル・メジャーでした。学士号が社会学部の「アジア関係論」で、もう一つが教養学部の「日本語および日本文学」です。

アジア関係論は中身が曖昧《あいまい》なので、まったく就職につながりません。なぜこれを選んだかというと、「ポリティカル・サイエンス」というクラスを学びたかったからです。これは簡単にいえば政治学ですが、政治的な文章を書くことをみっちり叩き込まれます。句読点一つ間違ってもダメで、できあがった原稿を５人のルームメイト全員に読んでもらってまた打ち直し、完璧なものに仕上げました。これが後に社会で、大変役に立ちました。

もう一つの「日本語および日本文学」ですが、じつは大学４年のときから、日本語コースのほとんど全部を私が学生に教えていました。自分のクラスももっていましたよ。

上念　アメリカの大学で学ぶと、だいたい2年くらいで言葉がしゃべれて、新聞が読めるくらいになりますね。

ケント　そうですね。その大学の日本語の教科書が、たしかハーバード大学のものだったと思いますが、ひどい内容でしたので、教授と話し合い、「学生たちがもっと日本語を上達できるものをつくろう」と、夏休みの期間を利用して二人でつくってしまいました。

上念　教材をつくっちゃったんですか？

ケント　3冊つくりましたが、その教科書はいまだにその大学で使われています。だから毎年売れるんですけど、印税は学校に寄付しています。確定申告が面倒なので。

妙な話ですが、じつは私の次男も、モルモン教の宣教師が使っている日本語の教科書を執筆しています。「モルモン書」という聖書のようなものがあるのですが、その教科書を使えば「モルモン書」はすべて読めるようになっています。

上念 親子二代にわたって日本語のテキストをつくっているんですね。

ケント はい。その教科書に名前は入っていませんが、書いたのは次男です。そのようにして、日本語および日本文学とアジア関係論の学位を取得しましたが、前述したように、内容が曖昧なので就職には直結しません。

じつは、もともと大学院に進むつもりでしたから、早く卒業できる単位だけとって、あとは好きな勉強に時間を費やしていました。

私は16単位でじゅうぶんなところを、毎学期21単位も取得しました。そのなかで、一つか二つ、熱中できるものをさらに掘り下げて勉強する。楽しかったですね。大学が好きでした。

◎ゴールデン・ハンド・カフス

ケント 私は大学に7学期しか行っていません。私の大学は2学期制ですので、3年半です。すべて奨学金のはずだったのですが、7学期目にはすでに卒業する絶対単位を40以上オーバーしていたので、半学期分の学費を余分に取られてしまいました。

上念　取得単位をオーバーすると、学費が割増料金になるのですか？

ケント　留年して何年も奨学金をもらいつづける学生がいるので、それを排除するためです。私は逆なので、「7学期で卒業するのだから、いいじゃないか」と抗議しましたが、無駄でした。

そういうときに絨毯屋さんのバイトがとても助かりました。大学で日本語を教えるバイトもおいしかったですね。時給でいうと普通のバイトの5倍はもらえましたから。

上念　ケントさんは4年生のときから教えていたのですよね？

ケント　はい、大学で日本語を教えていました。ちなみに女房とは学生結婚ですが、彼女も高校の教師でした。子供ができたときに辞めましたけど。

結局、卒業する最後の学期に5000ドルほど借りただけで、ほとんど学生ローンはなしです。

上念　優秀ですね。

ケント　ところが、先ほど紹介したように、いまは大学へ行くのに借金するのが当たり前です。長男も次男も法科大学院を出たときに、だいたい１人２０００万円くらいの負債を抱えていましたし、いまだに返済しています。

上念　そうなんですよね。20万ドルから30万ドルの教育ローンを抱えて卒業する学生もよくいますね。

アメリカの学費は、20～30年くらい前までは州立大学が日本の私立大学とほぼ同程度でした。それがいま州立大学でも日本の私立大学の３倍、４倍程度、これがハーバード大学とかスタンフォード大学といった有名私大ともなれば、日本の医学部くらいの授業料を払わなければなりません。なぜこれほど急激に上がってしまったのか理由はわかりませんが、学生はみな負債を背負ったかたちで社会に出ていかなくてはなりません。

ケント　これを「ゴールデン・ハンド・カフス」、つまり「金《きん》の手錠」と呼んでいますが、その後の人生が不自由になってしまうわけです。とにかく借金を返済するために、高収入の仕事に就かなければならない。

私は、本当は長男には外交官になってほしかったけれども、そんな余裕はないわけです。

上念　20万ドルとすると、完済までにおそらく10〜20年はかかりますね？

ケント　かかります。長男も次男も子供がいますが、まだ返済しています。

大学までは私が面倒を見ましたが、大学院の学費は「自分たちで頑張るから」と援助を求めなかった。驚きましたが、私はその自立精神を評価して、「いや、私が払うよ」とは言いませんでした。

上念　そういうローンを抱えているにもかかわらず、さらに車や住宅を購入して、収入が増えるぶんだけ借金が増していく人が日本にもたくさんいます。まさにロバート・キヨサキがいう「貧乏父さん」です。

ケント　「ゴールデン・ハンド・カフス」というのは、じつはとても皮肉な表現なのです。企業が敵対的買収の防衛策として経営陣に巨額の退職金を払うことを「ゴールデン・パラシュート」というのですが、これを皮肉ったジョークです。

しかも、この〝金の手錠〟は一度はめられたら、完済するまで外すことができない。たとえ破産しても、学生ローンは免除とはならないのです。

上念 え、なくならないんですか？

ケント 免除されません。一生つきまといます。だから大変なのです。私の子供たちは、いま二人とも超一流の法律事務所に所属していて、あと3年もすれば彼らの子供が大学に進学する年齢です。それなのに、まだ自分の学生ローンを払っている。いったいどういうことなのかと思いますよ。

上念 2008年のリーマンショックのとき、破綻《はたん》した金融機関の幹部は巨額の退職金を受け取っていたのに対し、首を切られた社員はローンを抱えて路頭に迷っていた姿を思い出しました。

これもアメリカの隠れた一面なのですね。

ケント そういう意味では、アメリカはやはり貧富の二極化が進んでいます。とくに一流大学ともなると授業料も非常に高額で、頭がいいだけではなくて、ある程度の財力も必要になってきます。

アメリカでは中産階級の数が減り続けていて、とくに北部の「ラストベルト」（さびれた工業地帯）では、かつて繁栄を謳歌《おうか》した製造業や鉄鋼業の衰退が著しい。そういう地域の人たちが、トランプ大統領の支持層であり、トランプ大統領が目指す「偉大なアメリカの復活」というのは、こうした地域の人たちが再び繁栄すること、すなわち中産階級の復活なんです。

第3章

日本のメディアはもう死んでいる

◎テレビメディアの末期的な惨状

ケント　これまでもわれわれが批判してきましたが、日本人の情勢認識や歴史意識などを歪《ゆが》めている大きな原因の一つが、マスコミ報道です。「モリ・カケ問題」における印象操作報道をはじめ、とくにここ数年は悪質さを増しています。

たとえば、２０１８年6月16日のＮＨＫ「ニュース７」では、その数日前に行われた米朝首脳会談でトランプ大統領が拉致問題を取り上げたにもかかわらず、北朝鮮のラジオで日本の拉致問題は「解決済み」とあらためて主張したというニュースを報じ、米朝首脳会談での合意が「ちゃぶ台返し」されるのではないか、という懸念を報じました。

これ自体はいいのですが、「ニュース７」は、そのニュースを報じるにあたって、岩手県で当日行われたという「ちゃぶ台返し大会」の映像を挿入したのです。

拉致という日本にとってきわめて重大な問題に対して、みんなが楽しんでいるお祭りのような映像を挿入して「ちゃぶ台返しがあるかもしれない」などと報じたことで、「拉致問題をバカにしているのか」という批判が巻き起こりました。

当然ですよね。意図的にやっているのかどうかはわかりませんが、報道番組だという意識や矜持《きょうじ》に欠けているのではないか。そういう番組が多すぎると思うのですよ。

上念　変な番組が多すぎますよ。

私が理事・事務局長を務め、ケントさんも理事である「放送法遵守《じゅんしゅ》を求める視聴者の会」（以下、「視聴者の会」）は、２０１５年11月に発足しましたが、状況はますます悪くなっていると感じます。

「視聴者の会」が発足したのは２０１５年11月です。同年９月に安倍政権が提出した平和安全法制について、ＴＢＳ「ＮＥＷＳ23」のアンカーを務めていた故・岸井成格《しげただ》氏が番組で「安保法案は憲法違反だ。メディアも廃案に向けて声をあげつづけるべきだ」と発言したことがきっかけでした。

この発言が、「政治的に公平であること」「意見が対立している問題についてはできるだけ多くの角度から論点を明らかにすること」などを定めた放送法第四条に違反するのではないかと疑問に思った有識者らが呼びかけ人となって、発足した団体です。

以後、放送局に対して、国民にとって大事な話を正確に伝え、フェアな議論を放送のなかで行ってほしいと訴えてきました。

しかし、２０１７年には森友学園や加計《かけ》学園をめぐる、歴史上最悪レベルの偏向報道が行われました。とりわけ、テレビは連日、何の証拠もない憶測で「安倍首相の関与」をさかんに煽ってきた。

それで「視聴者の会」はいま、これまでの呼びかけ人を中心とした任意団体からさらに進んで、体制を整えて最終的には一般社団法人になりました。法人格をもつことによって、放送局やスポンサー企業の株主になって、株主総会などで経営者に、偏向報道の問題点とリスクを訴えかけていくことを考えています。

そのくらいしないと、テレビの偏向報道は抑止できないと思うのですよ。

ケント　ＴＢＳや一部のジャーナリストたちは「視聴者の会」の活動について、「表現の自由、民主主義に対する重大な挑戦だ」などという見当違いもはなはだしい批判をしています。彼らは「表現の自由」や「民主主義」の本質を驚くほど理解していない。

われわれが「放送法遵守」を求めている理由と背景は、こういうことです。

たとえば、印刷媒体、活字媒体のマスコミであれば、基本的に何を書いてもいい。極端な言い方をすれば嘘を書いてもいい。名誉毀損や人権侵害などの実害が出なければね。

印刷媒体が報じた話を嘘だと思う人は、別の印刷媒体で反論するなり、インターネットで反論すればいい。それを読んだ側が、どれが真実で、どれが嘘なのかを判断していく。嘘ばかり書いているメディアだと人びとが思えば読まれなくなるでしょう。本や雑誌、新聞の内容は非常に多種多様で、さまざまな意見の論文や記事があり、正反対の主張が併存しています。それが言論の自由であり、表現の自由であるわけですよね。

ところが放送媒体だと、電波の使用権は国が管理していて、電波を使うには総務省に申請して審査を受け、周波数の割り当てを受けなくてはならない。使用可能な電波の周波数には限りがあるから、新規参入が非常に難しく、日本の地上波はＮＨＫと5局の民放キー局系列とローカル局くらいしかないわけです。

それだけ限られた電波の使用権を、一部の放送局が特権的に独占しているわけだから、特定の政治勢力に利用されたり、偏った主義主張ばかりが展開されないように、法律によって政治的な公平性や、多くの角度から論点を明らかにすることを定めているわけです。

ところが、日本のテレビ局は、公共放送であるＮＨＫですらそれをしていないわけです。最近のニュースを見ていると、コメンテーターと称する人たちが、ひたすら自分の意見を述べていて、世論をそちらへ誘導しようと試みている。私たち「視聴者の会」がバレバレだからもうやめろと指摘しているのに、態度を改めようとしないどころか、開き直っている。

私は報道番組になぜコメンテーターがいるのか、不思議でならない。事実の報道だけをしていればいいものを。ニュース番組にコメンテーターの私見なんて不要ですよ。それが必ず入る唯一の理由は、経営者や番組プロデューサーが世論を誘導したいからなんです。

上念　そうですよね。

まずいまの報道は、政治的に不公平ですよね。「モリ・カケ問題」にしても、「首相は自身の関与がなかったことを証明すべきだ」などという、いわゆる「悪魔の証明」を首相側に求めるのですから。

本来、「関与があった」とするなら、そう主張するほうが関与を証明しなければなりませんが、その証明ができないものだから、「関与がなかった証明をしろ」などとむちゃくちゃなことを野党と一緒に叫んでいる。

放送法第四条には、「公安及び善良な風俗を害しないこと」「報道は事実をまげないですること」という項目もあるのですが、事実も曲げまくっていますよね。

反安倍のデモ隊なんか、200人くらいしかいないのに、「参加者2000人」といった明らかに水増しされた主催者発表をそのまま垂れ流していますよね。

ケント　2018年4月14日に国会議事堂前のデモがありましたが、主催者発表は5万人に対して、警察発表は4000人でした。

僕はたまたま近くに用事があって国会前に行ったのですが、間違って左折したら、デモの真ん中を通ってしまったのですが、どう見たって4000人もいなかった。

上念　それから、意見が対立している問題についても、一つの角度からしか論点を明らかにしないんですよね、基本的に。あるいは一つの角度からの論点にばかり時間をかける。

このことを「視聴者の会」で、「時間公平性がない」と指摘したら、テレビ局は時間だけは公平にするようになりました。たとえば、与党側の発言時間もちゃんと計って、短くならないようにしているみたいです。

ただ、必ず先に与党が発言し、そのあと野党側からの反対意見、そして第三者のコメントも与党に否定的な意見で締めくくるといったかたちでの印象操作をするわけですね。

だから、放送法第四条なんて、ほとんど形骸化しているのですよ。

◎放送法を守らないテレビ局が叫ぶ放送法の必要性

ケント　安倍政権は、放送と通信の融合や、放送業界への新規参入を促し、放送法第四条を撤廃する放送制度改革案を打ち出しました。ところが、これに対してテレビ局はこぞって反対を表明しましたよね。

われわれはテレビ局に対して「放送法第四条を守っていないじゃないか」と問いただしてきましたが、そのテレビ局が「放送法第四条は必要だ」などと言っている。大笑いです。

上念　「放送法第四条がなくなったら偏った放送が増える」などと主張していますが、すでに偏っているじゃないかということですよね。

それと、既存の地上波テレビ局は新規参入を嫌がっているのが明白です。既得権を守るためには、ライバルは少ないほうがいい。とはいえ、規制緩和に正面切って反対しづらい。そこで、放送法第四条を撤廃すると偏向報道が増えるという珍妙な理屈をこねているんです。すでに自分たちが偏向しているくせに、よく言うよと思います。

それから、もう一つ隠れた地上波テレビの利権があります。それはリモコンのチャンネルです。

NHKは、多くの地域でリモコン番号の1chと決まっていますが、実際にNHK総合が割り当てられている物理チャンネルは27chです。本来ならば027と押さないと映らないはずなのに、なぜかリモコンの1を押すと映るようになっているんです。

そして、ほかの地上波キー局も、それぞれリモコンの1～12に割り当てられています。リモコンの規格はARIB（電波産業会）というところで決まっていて、たとえば関東なら、最初から1をNHKにしておくというデフォルトの決まりがあるのです。もちろん、自分で設定を変えれば、違うチャンネルに割り当てることも可能です。

また、日本のテレビ仕様では、リモコンの1chにCSのFOXチャンネルを割り当てたいと思っても、できないようになっています。いちいち地上デジタルからCSに切り替えてそれからリモコンの1chに登録しないとできないんです。なぜ伝送方式をいちいち切り替えなければならないのか？　まったく意味がわかりません。アメリカのケーブルテレビはシームレスに数百チャンネル順送りできるのに。明らかに、これは技術的問題ではなく、規制の問題です。

さらにいうと、なぜ地上波がデフォルトなのか。テレビはまず地上波を映す機械なのかという話ですよ。技術がこれだけ進化しているのに。

ユーザーにとっては、伝送技術は何の関係もない。リモコンの好きなボタンを押すと、見たいチャンネルが出てくる。それでいいじゃないと。FOXの社長は「That's it.」と言っていましたよ。いまから13年前の2005年に、アメリカのNCTA（全米ケーブルテレビアソシエーション）が開催した「ナショナル・ショー」での発言ですから、日本は13年遅れということになりますね。いや、13年経ってますが、まだ追いついてない。

なぜかというと、ARIBの規格があるからです。この規格はいろいろ変なものがあって、地上デジタル放送だと思って見ていたのが、じつはネットのYouTubeだったなどということがあると視聴者が混乱するから、テレビ放送とネットコンテンツをユーザーが意識して区別できるようにしなければならない。そのため、日本のテレビはいちいち伝送方式を切り替えるボタンがあるのです。

国民をバカにするのもいいかげんにしろという話ですよね。そうしたことは、国民が選んで自分でやるわけで、誤解も含めて、それは国民の試行錯誤なわけですよ。それをなぜ、政府なり業界団体なりが正しい答えを与えてやるという、そんな偉そうな態度をとるのか。先ほどケントさんが言われたことは、まさにそれで、いろんなチャンネルがあって、そのなかで何が正しいかを選ぶのは国民の責任なんですよ。

そういう国民の主体性を信じないで、御上が与える答えが素晴らしいといっている。これはもう、典型的な受験エリートの間違った考えですよ。答えが決まっている勉強ばかりやってきたヤツが、「国民はバカだから、こういうふうにガイドしないといけない」というような考え方をするわけですよね。

ケント　まったく官僚的な考え方ですね。

上念　アジアの国々ですら最低でも60チャンネル、100チャンネルが当たり前のようにあるのに、なぜ日本だけがこんなにテレビの自由化が遅れているのか。

最近、ソニーが出した新型テレビでは、地デジ、BS、CSのほかに、YouTube、AbemaTV、Netflix、Huluといったネット系のチャンネルの物理ボタンがつくようになったんですよ。

これが、たとえばYouTubeで電源を切った状態でテレビをもう1回つけると、またYouTubeが立ち上がるみたいなものになっているのだったら本物だと思います。

少なくとも私が2年前に買った、パナソニックのテレビはそうなっていませんでした。

地デジの伝送技術は、はっきりいって古くて、いまだに２Ｋまでしか対応していないのですが、Ｎｅｔｆｌｉｘはもう４Ｋなんですよね。ネットのほうが、圧縮技術などもどんどん進化して、先にいってしまっている。

放送はやはり送出側の投資がものすごくかかるので、とくに地方局には大きな負担です。キー局がやりたくても、地方局に配慮するとなかなかできない。要するに、放送業界は全員平等の護送船団方式なので、そこが足枷《あしかせ》になっている。どんどんネットに技術的に差を広げられていくだろう、と私は思っています。

ケント　ですから、放送法を撤廃するのが最終的な正解だと思うんですよ。

アメリカにもかつて、放送法第四条に似た「公平原則（Fairness Doctrine）」という規定があり、１９６９年の最高裁判決では合憲性が確認されました。しかし、１９８４年に最高裁判所は「公共放送機構（ＰＢＳ）から助成金を受けた非営利放送局の論説を政府が規制することは、表現の自由を定めた憲法修正第1条に反する」という限定的な判決を下しました。

そして判決文の脚注に、アメリカ連邦通信委員会（ＦＣＣ）が「公平原則」の総合的な効果が言論活動を促進しないで抑制すると判断した場合、その権限でこの規制を修正または廃止することができ、その場合は、（最高裁判所は）合憲性を再検討することを余儀なくされると書きました。

1987年8月にFCCは「公平原則」を正式に廃止しました。

もともと放送法は、前述したように、限られた電波を独占的に使用するテレビ局を規制するためのものでしたが、通信技術の発達でケーブルテレビが普及し、電波の希少性が薄れたからです。

アメリカの現行の規定は、以下のとおりです。

1. 原則として、同一メディアマーケットにおいて、日刊新聞とテレビ局を同時に所有してはならない。
2. 全国の受信世帯数の39%を超えないかぎり、全国で複数のテレビ局を所有することができる。
3. ABC、CBS、NBC、FOX同士の合併は禁止されている。
4. 同一メディアマーケットにおいて、二つのテレビ局を同時に所有してもいいが、そのうちの一つは視聴率上位4局に含まれないことと、それ以外に8局が存在することが条件である。
5. 同一メディアマーケットにおいて、独立したテレビ局、ラジオ局、大手新聞、ケーブルテレビ局の総数が20以上の場合、テレビ局2つとラジオ局6つ、またはテレビ局1つとラジオ局7つを同時に所有することができる。

4年ごとに、この規定を再検討することが義務づけられています。その結果、FCCは2017年11月20日に、前記1、4、5を廃止する改正案を発表しました。現在パブリックコメント（意見公募）の手続き中で、まだ施行されていません。

メディア媒体の多様化と情報源の飛躍的な増加によって、もはやこの規制は必要ないというのがFCCの見解です。新聞社が同一市場にある放送局をもつクロス・オーナーシップを制限したのは1975年でした。FCCの一部の委員は今回の改正案に強く反対しています。現実問題として、情報源が増えたものの、メディアのオーナーの数は減っています。1983年に、50社（人）がアメリカのメディアの90％をコントロールしていましたが、現在はたったの6社が90％をコントロールしています。

しかし、アメリカの現行の規定を日本に当てはめようとすると、たとえば東京ですら現状は無理だと思います。というのも、メディアが系列化していますから。

新聞、テレビ、ラジオ、CS、BSまで、場合によっては週刊誌までが系列化しています。テレビ朝日やBS朝日は朝日新聞社の系列で、しかも週刊朝日やアエラまで含めれば、雑誌まで朝日新聞の系列ですよね。論調はすべて左寄りで、系列内で矛盾する主張はない。

すると、東京ではＮＨＫを含めても６系列しかないことになります。もし放送法第四条を撤廃するなら、クロス・オーナーシップを禁止すべきですね。そして同時に、電波オークションを行ったほうがいいと思います。電波料が安すぎますから。

上念　日本テレビの２０１６年度売り上げが４１４７億円であるのに対して、電波料が５億円程度。わずか０・１％ですよ。

これをオークションすれば、もっと高く売れる。電波というのは、国民共有の財産ですから、テレビ局が勝手に使っていいということではないのです。

ケント　そのとおりです。

新規で地上局をつくりたい企業があれば、それもオークションでその枠を与えるということにすればいい。もしかして既存の放送局は、お金が出せなくなって廃業することになるかもしれない。しかし、それでいい。日本のメディアには新陳代謝が必要だと思います。ともかく、放送と通信の垣根を取り払っていけば、放送法第四条を撤廃してもいいと思いますよ。

上念　放送の自由化は、アメリカだけではなくて、いま、世界的にそういう流れに向かっています。

いちおう、日本以外の国にも放送法のようなものはありますが、電波の自由化と多チャンネル化、多局化へ進んでいるのです。これは政策として自由化を進めているというよりも、テクノロジーの進化にあわせて規制を変えたらこうなった、という感じですね。結論が出ていて、日本だけがこれに逆らっているのですよ。

まるで石炭産業がいつまでも補助金で生き長らえていたかのように、日本では地上デジタルという既得権、それからリモコンキーＩＤというＡＲＩＢが決めた勝手な既得権がいまだに生き残っている。これは世界標準から見て非常におかしなことなのです。

◎総務省と結託して「新ＣＡＳ」で国民を食い物にするＮＨＫ

上念　現在の日本国内のテレビの仕様だと、日本でつくったテレビを海外に輸出できないので、産業競争力的にもものすごい問題なんですよ。

現在のＢ－ＣＡＳカードもむちゃくちゃな既得権です。Ｂ－ＣＡＳカードを発行しているビーエス・コンディショナルアクセスシステムズは、ＮＨＫが筆頭株主で、前社長もＮＨＫの元総務局長が務めていました。

長らく会社の住所も財務内容も明らかにされておらず、批判があってようやく公開されるようになったのですが、Ｂ－ＣＡＳカードがなければ地上デジタル放送などは見ることができず、しかもそのカード発行が民間企業一社に独占されているのです。そういうことが、何の法的根拠もなく行われている。

しかも、次世代の４Ｋ／８Ｋ放送では、放送の暗号化や契約者の識別に用いるＩＣチップの規格を決める「新ＣＡＳ協議会」という業界団体が、現在のＢ－ＣＡＳカードを回路としてテレビの中に埋め込もうとしている計画が判明しました。しかもその費用はユーザー負担だといいます。

この「新ＣＡＳ協議会」というのはＮＨＫや有料放送事業者が出資して設立された法人ですが、代表はＮＨＫの専務理事が務め、そのほかの事務局長などもＮＨＫ関係者が入っています。

これについて、元ＮＨＫ職員で自民党所属の参議院議員である和田政宗氏が国会で、「ＮＨＫの利益誘導ではないか」と質問したのです。

そもそも新ＣＡＳ協議会の協議内容が公開されておらず、各電機メーカーからなる電子情報技術産業協会（ＪＥＩＴＡ）からの繰り返しの要望を新ＣＡＳ協議会はほぼ無視していて、メーカーは泣き寝入り状態になっている。

和田議員はその状況を説明しながら、「国民への説明不足であり、コンセンサスがとれていないじゃないか」「もし、ＣＡＳを回路として入れた場合、ＣＡＳが壊れたときはテレビ自体も買い替えなのか？」などと詰め寄ったのです。

これに対して、総務省の奈良俊哉大臣官房審議官が官僚答弁を繰り返していましたが、まあ、しどろもどろという感じでしたね。

現在のB－CASカードの方式では、不具合があったら、カードだけを交換すればいいのですが、回路として組み込んだら、不具合があった場合は、テレビ全体の買い替えになってしまう。こうしたことを既得権化しようとしているわけです。

「放送と通信の垣根」という考え方も、そもそも放送側が通信に既得権を奪われるのが嫌で言っていただけの話で、ユーザーにとって垣根をつくるメリットは何もないのです。


ケント　私が関わっているベンチャー企業では、4年ほど前に、ケーブルテレビ専用の帯域である23ギガヘルツを使って、無線で単方向の放送を行う認可をもらいました。その無線機もわれわれの会社でつくっていますが、じつは一方的に放送しただけではあまり意味がない。

これで双方向通信が認可されると、一方的に放送を流すだけでなく、ネット通信もできるわけですよ。そうすると、ケーブルテレビ局がインターネットＷｉ－Ｆｉサービスを自分たちで提供できるようになって、新しい収入源にできる。

そこでいま、双方向通信の認可を申請しているのです。

ケーブルテレビ局の収入源は、視聴者から徴収する放送料、そして広告収入が多少あって、あとは自分たちのケーブルをＮＴＴなどに貸している賃料なのですが、それもすごく安いレートです。それしかないんですよ。新しい収入源が、いまはどこにもない。

でも、われわれの申請が認可されれば、放送事業だけではなく、通信事業も含めて全部一緒にできるようになる。許認可事業だから技術開発以外に役所との折衝が重要で、途中で民主党への政権交代もあったから、ここまでものすごく大変でしたけどね。

上念　そうすると、いまの地上波の規格で映さなくても、Ｗｉ－Ｆｉや４Ｇ、５Ｇなどのさまざまな伝送技術で放送できてしまうんですよ。しかも双方向ですよね。

にもかかわらずＮＨＫは、現状のカードとソフトウェア方式でじゅうぶんなものを、「新ＣＡＳ協議会」なる業界団体をつくって、次世代テレビではチップを埋め込もうとしている。新ＣＡＳ協議会がチップをつくって、それをメーカーに買わせて、メーカーはその費用を消費者に転嫁しようとしている。国民に負担を強いるのに、この議論が国民不在のまま勝手に進んでいるわけです。

しかも新ＣＡＳ協議会の重要ポストに、ＮＨＫは役員らをどんどん送り込んで、勝手にこれを進めようとしている。

ＮＨＫが何を目論んでいるかといえば、チップを埋め込むことによって、誰がＮＨＫを見ているかを把握して受信料を取る。それだけなんですよね。日本の情報技術の未来を考えようなんて気はさらさらないし、たんに受信料を多くの人から取りたいだけなんですよ。

あえて「NHKにいる官僚ども」と言いますけど、彼らは「自分たちは命令に従っているだけだ」といった言い訳をするのですが、結局、何も考えずにやってしまう。まさにその偏差値エリートがNHKにはいっぱいいると思うのです。それがNHKの弱点だし、日本を悪くしている元凶ではないかと思います。

ケント　NHKや放送業界と総務省が、また結託していますよね。
まあ、電波料が格安なのも、政治側がそういう既得権を与えて、メディアをコントロールしようとしてきた結果なのでしょうが。

上念　そのとおりだと思います。

しかし、今回の新CAS問題は、テレビメーカーもかなり困っているみたいですね。あまりにもNHKの利益誘導なので。

NHKや総務省としては、チップの費用は全部メーカーにもたせて、メーカーはそのぶんを価格に上乗せして売れということなのですが、そんなことをやっていたら、海外のノーチューナーのモニターがガンガン出てくると思うんですよ。

日本でもノーチューナーテレビのニーズは、かなりあると思いますよ。テレビにAndroidのOSなどを組み込んでネットに接続すれば、HuluやNetflixをはじめ、ネット放送は全部見られますよ。しかも、AndroidのOSを組み込むのにたいした費用はかからない。国内メーカーでは、ソニーがこの方面で新製品を発売しています。

それで、テレビはテレビ、チューナーはチューナーで、あとは自分で勝手に好きなものを選んでくださいというのがユーザーにとってベストでしょう。これはデフォルトで地上波テレビが映るようになっているいまの仕様とはまったく異なります。

◎さまざまな規制で自己保身に走るテレビ業界

ケント　だいたい、1日のうちで地上デジタルに留まっている時間がきわめて短いですよ。それどころか地上デジタルの番組もケーブル経由で視聴するから、テレビに内蔵されたチューナーなんて、1年に数回くらいしか出番がない。

上念　私もほとんど地上デジタルを見ていません。Netflixばっかりですよ。

ケント　僕はAmazonのプライム会員だから、多くの番組や映画が見放題なんです。

プライム会員の年会費は3900円（税込）ですが、NHKの受信料より断然安い。ただ、リアルタイム放送の番組はないようですが。

上念　AbemaTVなどはリアルタイム放送もしていますね。アメリカのFOXやCNN、ブルームバーグなどのサイトでもリアルタイムのニュースをばんばん流しています。あと、DHCがやっている「虎ノ門ニュース」も、いちおう、リアルタイムですね。ネット上でもリアルタイムの放送は、けっこう見られるようになっています。

ケント　その「虎ノ門ニュース」には私や上念さんも定期的に出演していますが、アーカイブの再生回数も非常に多いですね。平日は毎日放送されていて、50万再生近くいくときもあります。

先ほども紹介しましたが、アメリカのCNNのプライムタイムの視聴者数が多くても100万人くらいですから、日本とアメリカの人口比率からすると、「虎ノ門ニュース」のほうがCNNより見られていることになります。

上念　テレビ局がこれまで築き上げた権威にすがって、メーカーに対して高圧的に出たり、消費者への費用転嫁みたいなことを無理やり行おうとしたりしても、テレビそのもののニーズが、だんだんなくなっていくと思いますよ。

テレビを見る時間が長いのは、まず女性で、次に高齢の男性です。40歳以下の男性は1日2時間以下で、とくに若い層は男女ともにほとんどテレビを見ていない。だから、これからテレビ業界はきついと思いますよ。


ケント 見たい中身ではなくなりましたよね。野球中継もロードショーもやらない。そういうコンテンツは、もうテレビじゃなくて、別のところで見ることができるから。

それでも、総務省などと結託して、生き残るための策略をいろいろ打ち出している。

江戸時代、大井川に橋がかからなかったのは、最初の頃は西国大名が謀反を起こして江戸に攻め込むことを防ぐ名目でしたが、そのうち川を渡す人夫の集団が一大勢力となっていて、「大井川に橋をかけるな」と反対していたからだと言われています。もし橋をかけられたら失業しますからね。

テレビ局も同様に、自分たちの食いぶちを守るために、さまざまな規制を必要としているようです。それも古い規制を維持するだけでなく、時代に逆行する新しい規制までつくろうと画策している。

上念 それで、その画策を国民は知らない。

NHKだけではなく、民放も基本的に既得権を守るためにいろいろ画策しているのは同じです。前述したように、なにしろ電波料が安いですから。要は、仕入れの原価が格安だということで、儲かるのが当たり前なのです。

それは、自民党が放送メディアをコントロールするための餌《えさ》だったわけですが、実際にはコントロールできていないのだから、電波オークションでオープンにしたらいいのです。

先ほども言いましたが、電波は国民共有の財産だから、特定企業が独占していいものではないですし、電波オークションをやればもっと高く売れるし、国民にとっても大きな財源になります。

ケント　だいたい、どの局も同じような中身が多すぎます。地上派テレビを見ていると、朝から晩までワイドショーですよ。夕方のニュースもワイドショーみたいなものだし。

ときおり、古いドラマが入ったりしているけど、ほとんどそういう番組なんですね。なぜかというと、制作費がかからないからですよ。芸人や文化人のコメンテーターを呼んだところで、ギャラはたかだか1、2万円ですからね。高くても5万円でしょう。

ニュースにしても、取材もしないで新聞記事を読むだけ、その新聞記事も共同通信が書いた原稿そのまんま。そんな素材を1日中使いまわしている。

たまに、家でテレビを1日中つけっぱなしにしていることがありますが、同じ話が何回も出てくる。しまいには「またその話か！」と不快になって、消してしまうことがほとんどです。「ちゃんと仕事しろよ！」と言いたくなる。

いずれにせよ、ほかの媒体が登場したことによって、自分たちも改革しないといけないのに、改革しようとしない。だから、おもしろくないのですよ。

その一方で、「虎ノ門ニュース」のように、制作費は安くてもおもしろい番組だってつくれるはずなのです。「虎ノ門ニュース」は、スタジオにいる技術スタッフは3人くらいで、出演者はたいてい3人。プロデューサー、ディレクターを含めても10人前後でしょう。スタジオもオフィスビルの小さな会議室程度。

素材を流さないから、仕入れた映像の使用料とか、そういうものは全然かからない。逆にいうと、それがいいのかもしれません。変な映像が入らないから、イメージ操作もしない。

「虎ノ門ニュース」は一部のジャーナリストやメディアから「右に傾いている」などとよく批判されますが、それは彼らが左寄りだから右に見えるだけで、愛国心を叩き込まれるアメリカ人の私の感覚でいえば、出演者もスタッフも、みんな中道かリベラル寄りです。それで、「勝手に決めるな、そっちが極左なんだよ」と言うと、彼らは怒るんですよ。

それはともかく、「虎ノ門ニュース」がこれだけ成功しているということは、国民がそれだけバランスのとれた放送を見たいということなのでしょう。テレビ局が「報道しない自由」を駆使して、大事なことを国民に伝えない現状にうんざりしているのだと思います。

◎テレビ局の異常な「番組考査」と民放連放送基準の危うさ

上念　私は、DHCテレビ制作の情報バラエティ番組「ニュース女子」の司会も務めていますが、この番組はインターネット上だけでなく、MXテレビなどの各地方テレビ局にも販売され、再送信されてきました。

ところが2017年1月に、沖縄の反米軍基地運動について批判的に伝えた放送内容をBPO（放送倫理・番組向上機構）などが問題視して、それ以来、MXテレビが番組制作に対して、過剰ともいえるほどの「番組考査」をしてくるようになりました。

番組考査というのは、テレビ局が放送前に番組制作サイドがつくった台本や出演者の発言などについて、問題がないかチェックし、場合によっては、削除や改善を求める制度です。

その番組考査の内容を、DHCテレビ側が明らかにしたのですが、その実態は笑ってしまうほどひどいものでした。

私は「正論」2018年8月号にそのことを書きましたが、一部を紹介しましょう。

たとえば私が「ニュース女子」内で「駅前でギャンブル場」と発言したことについて、

MXテレビ側は「パチンコと想起でき、法律上は賭博（ギャンブル）ではないので削除ください」と求めてきました。

誰もパチンコだとは言っていないし、競馬場をはじめ公営ギャンブル場の多くは駅前にあります。百歩譲って私の言葉がパチンコのことを意味したとしても、パチンコの換金システムは多くの人が周知の事実でしょう。建前としてパチンコは賭博（ギャンブル）ではないとしても、実態としては賭博性があるわけですよ。

DHC側もMXテレビに対して反論したものの、結局、この発言はカットとなりました。

さらに変なのは、私が番組で南シナ海における中国の岩礁埋め立てについて取り上げたときです。2016年、オランダ・ハーグの国際仲裁裁判所で「南シナ海における中国の領有権主張に根拠なし」という判決が出ましたが、私はそれを引き合いに出して、「習近平は（この判決を）無視して」と、呼称をつけずに批判しました。

するとMXテレビは、民放連放送基準にある「個人・団体の名誉を傷つけるような取り扱いはしない」「国際親善を害するおそれのある問題は、その取り扱いに注意する」「企画や演出、司会者の言動などで、出演者や視聴者に対し、礼を失したり、不快な感じを与えてはならない」といった規定に抵触するということで、削除を求めてきました。

ケント　しかし、他国の国家元首に呼称をつけずに呼ぶことはよくあるでしょう。だいたい日本のテレビはアンチ・トランプの報道ばかりですが、コメンテーターが「トランプは……」と呼称をつけずに批判的に論じることもNGということになる。

上念　「安倍政治を許さない」もダメだということになりますね。でも、彼らはそこは追及しない。

ＭＸテレビはさらに、２０１６年7月12日付のロイター電から「中国外務省は、中国人は南沙海域で２０００年以上も活動してきた歴史があり……」という一文を引き出して、私の発言を「事実誤認」としてきました。

そして私が「習近平が無視している」と言ったことについても、ＭＸ側は削除を要求してきました。その理由ですが、「南沙諸島を中国が実効支配し、国際裁判で『違法』としている点で上念さんは『習が無視している』と説明していますが、これは個人の判断ではなくまた裁判所の判断も『中国』としており、『習近平』個人名でないことから、削除要請を致した次第でございます」というものでした。

ケント　中国は共産党一党独裁の国ですし、近年は習近平の独裁体制が確立しつつあることは、それこそ日本のメディアですらよく報じています。南シナ海での中国の覇権主義的な行動について、習近平が何ら関与していないはずはないでしょう。

上念　ＭＸテレビは、韓国によって不法占拠されている竹島について、百田尚樹氏が「竹島もずっと取られたまま」と発言したことについても、「竹島は日本の領土であり、事実誤認だからカットしてください」と指摘してきたそうです。

しかし、どこがいったい間違っているのか、さっぱりわかりません。韓国の不法占拠という問題提起をやめろということなのでしょうか。

当然、ＤＨＣも猛反発しましたが、反論虚しく、この発言もカットされたそうです。

結局「ニュース女子」は、２０１８年３月にＤＨＣがＭＸテレビでの再送信をストップしたため、現在ではＭＸテレビでは放送されていません。ただ、ほかの地方テレビ局では放送が続いています。

ケント　その番組考査に使われる民放連放送基準というものは、どのようなものですか？

上念　１９５１年に日本民間放送連盟（民放連）が制定したものです。しかしその運用はテレビ局自身が行うため、いかようにも使えるわけです。

その意味では、番組の公正を保つ道具であると同時に、偏向や歪曲《わいきょく》を生み出す道具にもなりうるものです。

この番組考査は、MXテレビだけの問題ではなく、おそらくテレビ業界に共通するものだと思います。各社がなんとなく「朝鮮半島批判や中国批判は差別、ヘイトだ」といった雰囲気をつくりだして、それがテレビにおける「相場」になる。そしてその「相場」に適した言論以外はタブー視されて排除される。

◎放送局内にいる「活動家」たち

ケント　放送法第四条は守らないくせに、自分たちで制定した放送基準は恣意的に運用して圧力の道具にしているとすれば、まさにダブルスタンダードで、それは言論機関として自殺行為ですよ。まあ、死にかけている、もしくはもう死んでいるという話もありますが。

われわれは、放送法がある以上は、それを守れと要求しています。しかし、守れない、守る気がないのなら、こんなものは撤廃して、そのかわりに電波オークションで放送を自由化し、通信との垣根もなくすべきだと主張しているわけです。自由化すれば、さまざまな意見の放送局が自由に設立されますからね。

上念　そうです。もしそうなれば、産業界にもすごく大きなチャンスが到来すると思いますよ。

もともと、「視聴者の会」がテレビ局に対して「放送法を守れ」と言ったら、彼らは「放送法はあくまで倫理規定ですから」と、たいして守らなくてもいいもののように言っていた。

そこで「じゃあ、放送法をなくしましょう」と言うと、「なくすな！」と猛反発している。もうまったく矛盾していて、何が言いたいのかわからない。たんに、いまの状況を壊されるのが怖いだけなんですよね。

国連人権理事会の特別報告者で、カリフォルニア大学教授のデビッド・ケイという人がいますが、「日本の報道の自由が危機にある」「特定秘密保護法でメディアが萎縮する危険性がある」などと発言して、日本のメディアがもちあげています。しかし、その彼も、放送法第四条が報道の自由への抑圧を強めているとして、撤廃を主張していました。

日本のマスコミもこれを肯定的に報じていましたが、彼が記者クラブ廃止を訴えはじめると、マスコミはまったく取り上げなくなりました。

トマ・ピケティ氏が最初に来日したとき、マスコミはアベノミクスのことをディスってくれるのかと期待していたのですが、「アベノミクスは１００％正しい」と発言してからは、ピケティ氏もまったく露出がなくなってしまった。

最初から自分たちの主張にあう人物を連れてきているのが、バレバレなのですよ。

ケント　テレビ局のなかには、活動家のような人たちも少なくないですね。だいたい、「視聴者の会」発足の原因の一つとなった故・岸井成格氏からして、公共の電波を利用して安保法案を「廃案にしろ」と扇動したわけですから、私は「活動家」だと断じています。

上念　それ以外にもいろいろいますよ。

最近、話題になったのは、NHKの番組ディレクターの今理織《こんみちおり》氏。彼はしばき隊のメンバーであり、いってみれば「沖縄支部長」でした。反米軍基地運動を過激化させた張本人といわれています。

これを暴露したのは、「世に倦む日日」というブログを主宰している田中宏和氏で、彼も左翼なのですが、しばき隊と対立しているのです。

今氏というのは、アメリカ統治下の沖縄に核兵器が配備されたことを、安倍総理の祖父である岸信介のせいだといわんばかりの内容の「沖縄と核」という番組を制作したディレクターです。

今氏はしばき隊のTwitterアカウントの「nos」であることが暴露されると、他人を罵倒《ばとう》した発言を次々に削除しました。しかし、最後は逃げきれないと思ったのか、アカウントを削除して姿を消しました。その後、NHKの大異動が発表され、制作部門から外されて地方に異動になったと聞いています。

まあ、それぞれ濃淡はありますが、テレビ局やマスコミ内にはそういう活動家がいます。たとえば、ＡｂｅｍａＴＶなんかでも、オウム真理教のアーチャリーを出して、「お父さんを殺さないでください」みたいなことを言わせてみたりとか。まだ地下鉄サリン事件の被害者がたくさんいるのにね。

それから反天連（反天皇制運動連絡会）のメンバーを取材して、日本がファシズム国家になるといった妄言を垂れ流させたりとか、動員をかけたデモを市民が自発的に集まったみたいに言って、人数も10倍くらい水増しして流したりとか、挙げればきりがありません。そして、それらはみな今氏のような活動家が示し合わせてやっている可能性があります。いまこそ、それらを一つひとつ明らかにすべきなのですよ。

私は、日朝国交正常化が進めば本当にいいなと思っていますよ。北朝鮮側から日本の協力者リストをぜひ出してもらって、「あいつも、あいつも、こいつもみんな北朝鮮協力者だったんだ！」とわかれば、納得いくなと思ってね。

◎アメリカの番組と日本の違い

上念　まあ、ひと言でいえば、もうテレビは終わっていますね。ろくでもないと思います。見ても本当のことが何にもわからない。事実以外のことは全部、角度がついているので、そぎ落として見ないと。

だから、報道を通じてしか情報を得られないときは、仕方なく見ていますけど、そうではないときは、たとえば官公庁の発表とか、トランプ大統領のＴｗｉｔｔｅｒとか、首相官邸で流す安倍総理の動画とか、そういうのを直接見たほうが早いですよ。

ケント　アメリカの地上波テレビを見ていると、最近は報道よりエンターテインメント番組が増えていますね。リアリティ番組とか、クイズ番組とか。日本のワイドショーみたいな番組はまずないですね。

ニュースにしても、コメンテーターはいなくて、ニュースを読みあげるだけ。それが昼、夕方、夜中とあるけれども、それぞれ30分ないし1時間。だからニュース番組はほとんどないのです。そのかわりにエンターテインメントですよ。「ダンシング・ウィズ・ザ・スターズ」（Dancing with the Stars）だとか。

上念　ＣＮＮなんかは、反トランプ芸人を出して、朝から晩までずっと討論会をやっていますね。

ケント　ケーブルテレビになると、ＣＮＮは24時間、完全に左翼のプロパンガンダを流しています。そしてFOXは「フェア&バランスド」と言っていますけれども、いちおう、左翼のコメンテーターも連れてはくるけれど、みんなで寄ってたかって潰してしまう。

でも、地上波とケーブルテレビで両極端なわけですよ。

一方、日本の地上波は、アメリカのようなエンターテインメントができないですね。

上念　お金がないのですよ。歌番組とかもしょぼくれていますしね。

ケント　歌番組もだいぶなくなりましたね。

ドラマはときどきやっていますが、昔に比べれば数は少ない。

芸人がバカ騒ぎしている番組はときどきあるんですけど。だいたい夜の7時、8時台が多いですが、誰が見ているのか。年寄りが見て若い芸人の身内話がわかるとも思えないし、子供にしても、塾へ行っていたりで、けっこう忙しいですからね。

そういうバカ騒ぎや、朝から番まで偏った報道番組を流すのをやめて、もっとエンターテインメント性のある番組をつくれないかなと思います。

アメリカでは、「ザ・プライス・イズ・ライト」(CBS)という1972年からやっている視聴者参加型のクイズ番組が、いまだに超人気です。

かつて日本でも番組が翻案され、伊東四朗さんの司会で「ザ・チャンス!」というタイトルで放送されていました。あの「ナウ・ゲッタ・チャンス」というのが合言葉の番組ですね。

もらえる商品も全部スポンサーが出しているわけだし、出演者もみんな素人だから、あまり制作費がかからないのですよ。


上念　そういう意味でいうと、日本では素人をいじる番組とかが減りましたね。やはりポリコレを気にしすぎて、やりづらくなってしまったのではないでしょうか。

過剰なポリコレとコンプライアンス重視で番組が全然おもしろくなくなって、結局、視聴者がＹｏｕＴｕｂｅとかに移ってきちゃっている。

Ａｍａｚｏｎプライムとかでも、独自のお笑い番組を制作していますよね。しかも車をぶつけて廃車にしたり、芸人が真っ裸になったり、昔の地上波でやっていたような、けっこう、荒っぽい企画も多い。

いま、地上波でできないんですよね、抗議があるから。ところが、ネットでならできてしまう。資金力にしても、いまやネット企業のほうが完全に逆転している。

ケント　「クイズ１００人に聞きました」も、アメリカではまだやっていますよ。日本がこの番組をやめたのは使用料を払いたくないからですけど。使用料を払って、そっくりそのまま使ったほうが安上がりだと思いますよ。

上念　日本発のテレビ企画といえば、「料理の鉄人」や「風雲！たけし城」などは、アメリカでもまだやっていますね。

私は高校生のときにアメリカに留学したのですが、帰国時にホストブラザーを連れて日本に帰ってきました。彼は日本語がまったくわからないのに、「風雲！たけし城」を見て、「これ、本当におもしろい！」と、毎週、笑いころげていました。

アメリカ人ウケするんですね、あれね。

ケント　あと「サスケ」も、アメリカではすごい人気ですよ。番組タイトルは「American Ninja Warrior（アメリカン・ニンジャ・ウォリアー）」ですが。日本の「サスケ」には、TBSに頼んで、私の息子も挑戦させてもらったのですよ。しかし、すぐに落ちてしまいました。

上念　でも、「サスケ」すら、日本ではあまりやってないですよね。アメリカのほうがむしろ、「料理の鉄人」にしろ、「サスケ」にしろ、盛んにやっている。

ケント　芸能ニュース、スキャンダルなどは、「エンターテインメント・トゥナイト」(Entertainment Tonight、略称ET）という30分番組があって、すごい下品な内容なんです。しかし、ニュースと混ぜたりしない。

ちょっと話がずれましたが、偏向した日本のマスコミの当面の目的は、まず、安倍倒閣でしょう。その理由としては、安倍首相がいなくなれば、憲法改正ができないから。

しかし、憲法を改正したくない理由は、私にはさっぱりわからない。結局は、日本を弱体化したままにしたいのでしょうが、これは、どう考えても外国勢の企《たくら》みですよね。

戦後、連合国軍最高司令官総司令部（GHQ）が行った「ウォー・ギルト・インフォメーション・プログラム（日本人洗脳工作）」（WGIP）の一環として、日本の報道機関を統制するためのプレスコードが発令され、これに基づいてマスコミを検閲するために、「削除および発行禁止対象のカテゴリー」30項目が規定されました。

そのなかで、GHQや連合国への批判はもちろん、朝鮮人や中国への批判も禁じられたのです。一方で、日本政府は批判してもいい対象とされました。

上念　むしろ、「積極的に批判しなさい！」という感じでしたよね。

ケント　そのGHQの洗脳が、まだまだ日本人、とりわけメディアは解けていない。しかもメディアの内側に活動家も入り込んでいる。
中国や韓国、北朝鮮による日本批判は受け入れて報道するけれど、日本からのそれら「特ア（特定アジア）」への批判は、ヘイトスピーチだの何だのといって、極力、報じないようにする。

上念　そうですね。そういった戦後左翼、活動家のイデオロギーと、放送局の既得権益死守が結びついて、日本の言論空間を歪めているように思えるのです。活動家がメディアの既得権益を悪用して自説をプロパガンダしているのと同時に、メディアのほうも新規参入を防ぐために多種多様な意見を封じる。
そういうもたれ合い関係があるのではないでしょうか。

第4章

米中激突と
アジアに迫る危機

◎なぜアメリカは中国に貿易戦争を仕掛けたのか

ケント　ご存じのとおり、いま、米中関係が非常に緊迫しています。

とくに、2018年6月12日にトランプ・金正恩の米朝首脳会談が行われた後、トランプ大統領は中国への対決姿勢を露骨に示すようになりました。

2018年6月15日にアメリカが約1100品目、総額500億ドル（約5兆5000億円）の中国製品に対して、25％の制裁関税を発動すると発表、そのうち約820品目（約340億ドル分）については、7月6日に発動されました。

アメリカ側の制裁関税に対して、中国は同額の関税をかけて報復するとしましたが、これに対し、トランプ大統領は7月10日、さらに食品から石炭まで2000億ドル（約22兆円）の産品に10％の関税をかけると表明、もしも中国がこれに対しても報復するなら、さらに同額の報復関税をかけると主張しています。

経済の専門家として、上念さんは報復関税合戦をどう見ていますか。

上念　いや、かなりシビアですね。米中対立は今後、さらに激化していくと思いますよ。

私は、2017年1月にBS朝日で、その前年の大統領選挙で当選したトランプ政権の行方を予測する討論番組に出ましたが、国際政治学者の三浦瑠麗氏は「トランプ大統領になったら、米中接近だ」と力説していました。

私は、トランプ氏の過去の発言や、国家通商会議（現・通商製造業政策局）のトップにゴリゴリの対中強硬派であるピーター・ナヴァロ氏などが入っていることから、それは違うと反論しました。結論的に三浦さんはハズレ。でも、当初は、トランプ政権でアメリカと中国が接近することになると論じていた識者も多かったですね。

トランプ当選を言い当てた木村太郎氏も、「ニュース女子」にゲスト出演されたとき、トランプ政権でどうなるかと問われ、「中国と仲良くして日本のことはジャパン・パッシングですよ」「2カ国の大国間関係となります」みたいなことを言っていました。

ところが、結果は米中の対立が非常に激化している。いまでは、国家安全保障問題担当大統領補佐官に、ジョン・ボルトンという対中強硬派まで入ってきた。

ケント　この米中対立の激化に、「ニューヨーク・タイムズ」などは、アメリカが70年かけてつくり上げてきたリベラル秩序が崩壊すると騒いでいますね。

上念　中国はこれからアメリカとどう対峙《たいじ》していくかということを、真剣に考えないといけなくなる。

ジョージ・W・ブッシュ大統領のアドバイザーを務めていた歴史学者のエドワード・ルトワックは、『中国4・0　暴発する中華帝国』（文春新書）という著書のなかで、中国はここ十数年のあいだに国家レベルの戦略を大きく転換させ続け、最初を「中国1・0」とすると、現在は「中国4・0」まで変化していると主張しています。

彼によると、「中国1・0」は鄧小平の「平和的台頭」の時代です。「ピースフル・ライジング」というもので、要は、現状の国際秩序を守りながら、そのなかで応分の責任も果たしながら存在感を増していくということです。日本国憲法の「国際社会の中で名誉ある地位を占めたい」ということと同じですね。

そのために、「アメリカさんと協力します」とやってきたのですが、それが2008年のリーマンショックあたりで急に変わったと。

欧米経済が没落していくなかで、中国（胡錦濤政権）は4兆元の公共事業対策を打ち出したことで、いち早くリーマンショックから抜け出せたような錯覚に陥った。そこで、もう欧米は駄目だ、これからは中国の時代だと考えるようになったわけです。

中国はかつて鄧小平が主張したように、自らの野心や能力を隠して実力を養うという、「韜光養晦《とうこうようかい》路線」を続けていたのですが、これがついに終わったということで、いきなり平和的台頭から覇権主義に転換しました。

尖閣諸島の領土主権を声高に主張して公船を周辺海域に派遣したり、あるいは南シナ海全域に「九段線」という線を引いて中国の歴史的権利を主張したりするといったことを露骨にやりはじめたのです。これが「中国2・0」です。

当然、周辺国から強い反発を受けるため、平和的台頭と覇権主義のあいだくらいのところを行ったり来たりすることになります。機会主義で、いけそうならこちら、ダメならあちらというように、状況に合わせて態度を変える。これが習近平政権以降の「中国3・0」なのです。

ところが現在、この「中国3・0」も少し行き詰まってきているので、そろそろ「中国4・0」が始まるだろう、というのがルトワックの説です。

ケント　それで、「中国4・0」になると、どうなるのですか。

上念　「4・0」は、何が出てくるかよくわからない。平和的台頭に戻れば中国にとってメリットがあるといわれていますが、いまさら戻れないでしょう。

2017年10月の中国共産党大会で習近平国家主席の思想が党規約に書き込まれ、そして18年3月の全国人民代表大会では、憲法にまで習近平思想が明記され、さらに国家主席の任期が撤廃されました。

要するに、習近平が終身独裁者になったということです。習近平にとって、まさにこれから中華皇帝が世界を睥睨《へいげい》する時代に入るわけです。中華皇帝というのは天から遣わされた「天子」ですから世界に一人しかいない。世界の皇帝として君臨しなくてはならないわけですね。

ケント　中国国内では習近平の神格化が進んでいますね。国内メディアでは偉大な指導者としてやたらともちあげている。「終わりの始まり」にありがちなパターンです。

上念　そうです。国内では人民をそうやって洗脳しようとしている。しかし、アメリカが中国のいうことを聞かないということになれば、中華皇帝は面子《メンツ》にかけてねじ伏せなくてはならない。でも、アメリカをねじ伏せるのは無理じゃないですか。この、彼らの妄想と現実について、どう折り合いをつけるのかという熾烈な戦いがこれから始まるのではないかと私は思っていました。

そういう中国の内情をたぶんわかったうえで、早速、アメリカが貿易面で中国を追い詰めようと次々と攻勢をかけはじめました。北朝鮮問題も、もう中国には頼らずに、直接、米朝交渉をやりはじめて首脳会談までこぎつけた。

これは中国にとっては悪夢で、完全に蚊帳《かや》の外に置かれた感じですよね。このように、外交面と経済面でギリギリと締め上げられてきているのが、いま、中国の状態なのですよ。

しかし、習近平は自らを中華皇帝だと国民に信じさせている一方、現実にはその中華皇帝とはかけ離れた悲惨な現実が起こるわけですよ。皇帝としてあってはならない、権威失墜につながるようなことを、アメリカがガンガン仕掛けてくる。

ケント　中華皇帝としては、報復して自らの威光を示さなくてはなりませんよね。だからアメリカの制裁関税に対して、即座に対抗措置を打ち出したわけですね、無謀にも。

上念　そうです。とはいえ、その対抗措置にしても、諸刃の剣です。とくに象徴的なのが、アメリカ産の大豆に報復関税をかけたことでした。

中国は年間約９５００万トンの大豆を消費する世界最大の大豆消費国で、そのうち８３００万トンを輸入に頼っています（アメリカ農務省「ＰＳ＆Ｄ」２０１５／２０１６）。そして、輸入大豆の約７割はアメリカ産なのです（「ロイター」２０１８年４月４日付）。

しかも家畜飼料（とくに豚の餌）にしている割合が大きい。輸入大豆価格が上昇すると、畜産物の価格にはねかえるわけです。とりわけ中国人は豚肉を好みますから、豚肉価格が上昇すると、庶民の不満が非常に高まります。

そこで習近平は、大衆運動で大豆増産を始めようとしているようです。中国東北部で、大豆の緊急増産が命じられているという記事が出ていました。しかも、関税に見合う補助金まで出して大豆価格が高騰しないようにしているといいます。いったい何のための報復関税なのかわかりません。

ケント　毛沢東時代みたいですね。無理な増産を命じたことで餓死者を大量に出した1950年代の大躍進政策と重なります。歴史を学んでないですよね。

◎アメリカ国内は貿易戦争を歓迎

ケント　米中貿易戦争の前哨戦として、アメリカ商務省は2018年4月、アメリカが輸出を禁じているイランや北朝鮮に通信機器を輸出したということで、アメリカ企業による中興通訊（ZTE）への製品販売を7年間禁止する命令を発表しました。

ZTEのスマートフォンの部品はほとんどアメリカ製ですから、この決定はZTEへの死刑判決に近いものでした。実際、ZTEは中国本土を含め、世界各地でのスマートフォン販売が中止に追い込まれました。

2018年6月には、ZTEは10億ドルの罰金や4億ドルの預託金を支払うことなどを条件に、制裁措置の解除でアメリカ商務省と合意しましたが、これにアメリカ議会が反発していましたね。

上念　マルコ・ルビオ議員を中心に、ＺＴＥへの制裁解除を反対していました。

とくにＺＴＥの案件は安全保障上の問題ですから、国防権限法案という法律のなかに「ＺＴＥへの制裁措置解除を禁ずる」と書き込まれ、それが上院で可決されたのです。しかし、下院で修正されて、とりあえず「制裁措置解除の禁止」は取り下げられ、アメリカ産のマイクロチップの輸出は再開してしまいました。とはいえ、この件でＺＴＥが負ったダメージは３５００億円以上といわれています。

とはいえ、アメリカの制裁は長期化する見込みです。政府機関でＺＴＥと華為技術（ファーウェイ）の技術を利用することを禁じる内容が法案に盛り込まれました。というのも、もともと中国のこれら通信メーカーは、情報を外部に漏洩させるためのソフト（バックドア）が仕組まれているといわれ、公的機関での導入を控えるように警告されていたのです。

これに加え、法律には中国からの対米投資を抑制する内容も盛り込まれました。

ケント　とりあえず、ＺＴＥは潰れずにすんだわけですね。もしも制裁解除ができなければ、確実に潰れていたでしょう。ＺＴＥはかなり大きい会社ですから、影響も大きかったでしょうね。

上念　そうですね、ＺＴＥはアメリカのスマホ市場では４位のメーカーでしたし、中国ではファーウェイとＺＴＥは二大巨頭ですよね。もしこれが潰れたら、日本でいえばａｕが潰れるくらいの衝撃でしょう。

ケント　中国は自前のチップをつくるといっていましたが、間に合うはずもない。

上念　そうですね。大豆の件もそうですが、アメリカが本気で中国を叩きにきていることに対して、かなりあわてている印象があります。

ケント　もっとも、アメリカとしても、中国が資本主義を導入して豊かになれば必ず民主化すると思って、ずっと中国の経済発展のために協力してきました。知的財産権の侵害についても、ある程度、我慢してきた。トランプ大統領が言うとおり、この間、アメリカがかなり損をしてきたわけですが、それも中国の民主化のためであるならば、ということだったのです。

それなのに、習近平主席は皇帝になってしまった。そうすると、中国に対してかなり積年の恨みをもっているアメリカ人が多いわけですよ。中国に職を奪われたうえに、民主化すら達成していない。そういう人たちがトランプ氏に投票したのです。

もちろん、アメリカにしても、中国製品の関税が上がれば、コストが上がったり、くるべき物がこなかったりして、国民はある程度の損害を覚悟しなくてはならない。しかし、アメリカでの新聞報道は、「中国がやりすぎたのだから制裁はやむなし」という論調です。懸念される悪影響については、「どうにかして乗り越えよう」というような、かなり肯定的で前向きな発言が多いですね。この貿易戦争について「アメリカの損失が非常に大きい」という人もいますが、本来ならトランプ氏の政策を徹底的に批判する「ニューヨーク・タイムズ」でも、「そうでもないかもしれない」という意見が掲載されています。

まあ、みんなどうなるかわからないということもありますが。しばらく貿易戦争をやっていないですから。

上念　ただ、この米中貿易戦争を経済の側面だけで損得を考えても、あまり意味がないと思います。

というのも、仕掛けたほうも仕掛けられたほうもお互いに損失を被るからです。単純に見て、2017年に中国がアメリカに輸出したモノの額は5050億ドル、一方、アメリカが中国に輸出したモノの額は1300億ドルで、ざっと4倍の違いがあります。

普通に関税をかけたら中国が受けるダメージのほうが大きいはずですが、アメリカも無傷ではすまない。

そもそも、アメリカが貿易赤字になるのは、アメリカの景気がいいからです。自分たちでつくる以上に消費するから、海外から輸入するわけです。もし貿易赤字が嫌で、完全な貿易黒字にしたいのなら、利上げして増税すればいいのです。

そうすれば、みんな金を貯め込んで使わなくなります。モノを欲しがらなくなるので、アメリカ国内でつくるぶんだけで需要は満たされるわけです。

これにより貿易赤字はなくなりますが、そんなに景気を悪くしたら、大統領は確実に次の選挙で当選できなくなる。

だから、景気は良くしつつも貿易赤字が嫌だというのは、経済理論的には、そんな虫のいい話はないのですよ。

ケント　ただ、アメリカがいっているのは、多額の貿易赤字が発生しているのは中国が不公平な貿易や金融取引をしているからだということです。これについてはどうですか？

上念　これは当たっています。

私は、トランプ政権で通商製造業政策局のトップで、カリフォルニア大学教授も務めるピーター・ナヴァロの「デス・バイ・チャイナ」という映画を見ましたけど、そのなかで中国の問題点を三つに集約しています。

一つ目が違法な輸出補助金、二つ目が為替操作、三つ目が奴隷労働。

輸出補助金というのは、政府が輸出企業に補助金を出すというものですが、当然、補助金がつくぶんだけ国際市場で輸出品の値下げができるわけです。国際的な競争において不公正になるため世界貿易機構（ＷＴＯ）で禁止されているのですが、中国はそれを裏でやっていると。

それから為替操作（マニピュレーション）ですね。人民元を通貨安になるように操作してきた。それによって、輸出競争力を高めることができるわけです。

中国は２００１年にＷＴＯに加盟しましたが、ＷＴＯのルールを裏で破り続けていると映画では主張しています。

ケント　為替操作のことは、トランプ大統領も大統領選挙のときから言っています。

上念　そうですね。

ただ、米中貿易戦争を懸念して人民元の下落が始まったことで、人民元暴落シナリオも見えてきました。そのため中国当局は為替介入して、国内景気を少し犠牲にしてでも、人民元のレート維持に努めています。状況はだいぶ変わったのですね。

トランプ大統領が言っていたのは、もう少し前のことですね。リーマンショックの直後くらいは、たしかに中国は人民元安に為替誘導していました。

それから、三つ目の奴隷労働については有名ですよね。囚人に働かせる、児童に働かせる、北朝鮮から労働者を連れてきて働かせる。最低賃金なんか無視して、むちゃくちゃな奴隷労働で製品をつくる。

中国国内では労働法も整備されておらず、労働三権もない。共産主義国がなぜ労働者をこんな大事にしないのか不思議ですけれど、そうやって安い労働力でどんどん中国製品をつくり、さらに輸出補助金により世界中でダンピングして売りまくっている。その典型が鉄鋼です。

どんどん設備投資を行い、採算度外視で鉄鋼を生産した結果、中国が世界の鉄鋼生産の半分を占めるようになってしまった。しかも過剰生産ですから、世界の鉄鋼価格が下落するうえに、中国はさらにダンピングする。

ドイツ在住の作家・川口マーン恵美さんによれば、ドイツはこの中国産の鉄鋼を大量に購入して鉄道を整備しているそうです。このメイド・イン・チャイナの鉄を使ったことと、原発を止めて電力が不安定になったことで、ドイツの鉄道はかつてのように時間に正確な運行ができなくなったという人もいます。

まあ、でも皮肉なことに、トランプタワーは中国からの安い鉄鋼を鉄筋に使って建てているのですが。

ケント　ビスマルクが「鉄は国家なり」と言いましたが、鉄というのは国の代表的な生産物であって、アメリカでは五大湖の周りはみんな製鉄所だったわけですよ。

ところが、現在では「ラストベルト」といわれるくらい寂れてしまった。「ラスト（ｒｕｓｔ）」は錆という意味ですが、その地域の失業率がいちばん高かった。そしてその元凶が中国だといわれているのです。

大統領選挙でも、トランプ氏はオハイオやミシガン、ペンシルベニアなど五大湖の周りの州を取りましたが、本来なら民主党が取るはずの州でした。

ところがトランプ氏は、この地域の景気が悪いのは中国がアンフェアな貿易をしているからだ、それを止めてこの地の基幹産業を復活させよう、というようなことを言ったわけです。それで勝利したのです。

ただ私は、いまさら鉄鋼産業を復活させるというのは、バカげた話だと思っています。もっと付加価値の高い物をつくるように進化していかないと。いまさら昔ながらの製鉄所をアメリカでつくっても仕方ない。

上念　たしかにそうですね。

ケント　かつて、アメリカの攻撃対象は日本でした。１９８０年代の日米貿易摩擦のときですね。

うちのユタ州にもＵＳスチールの工場があって、女房の父親がそこで勤め上げたのですが、結局、日本の鉄鋼産業のおかげで潰れてしまいました。その後、私の知り合いがその工場を買い取って特殊鋼の製造をやり出したのですが、これも日本企業に負けて、結局、閉鎖に追い込まれました。もっとも、そのおかげで街の公害問題はなくなりましたが（笑）。

女房の父が日本に来たときに、「川崎の製鉄工場を見学しますか、すごいですよ」と言ったら、「見たくもない。あれのおかげで私は2年も早く、早期退職したんだ」と言っていました。

上念　アメリカ人は、かつて日本に対して抱いていた反発を、現在は中国に対して感じていると。だからトランプ大統領が米中貿易戦争を仕掛けることには、あまり反対がないのですね。

先ほどケントさんが、製鉄所が潰れて公害問題が解消したという話をされましたが、逆に公害に苦しんでいるのが中国ですね。製鉄や火力発電に石炭を使うから、ＰＭ２・５の問題が深刻化して、人体に影響が出るほどのひどい状況になってしまいました。

そこで習近平は、２０１７年の冬に強権的に石炭ストーブの使用を全面禁止にしました。

代替設備も整わないうちにすべて撤去したので、北部の町では子供たちも、しもやけをつくりながら勉強させられるような事態になったようです。

そんな状態でひと冬を過ごしたら、北京に青空が戻ったとか。

そういうのを見て、「やはり中華皇帝様はさすがだ！」と思う人と、子供が凍傷すれすれの状態で勉強させられたり、実際にひどい目にあったりして、「ふざけるな！」と思う人と、まあ、悲喜こもごもなのでしょう。

◎人民解放軍は本当に戦える軍隊なのか

ケント　そのような不満が積み重なって、現政権が倒れることはないですか？

上念　いや、これくらいでは中華皇帝は倒れないでしょう。やはり戦争で大々的に負けるなど、権力失墜をともなうような失敗がないと。

だから中国は、アメリカとの戦いには相当慎重になっていると思いますよ。

ただ、人民解放軍は、習近平による軍人リストラや、汚職追放運動による軍幹部粛清に反感を抱いていますから、わざと習近平を困らせるために、対外的な挑発を仕掛ける可能性はあります。

これまでも、たとえば、人民解放軍の戦闘機がアメリカの偵察機に対してニアミス飛行を仕掛ける、中国海軍のフリゲート艦が海上自衛隊の艦船に射撃照準レーダーを照射するといった挑発行為がありましたが、さらにエスカレートして偶発的な事故などに発展すれば、大変です。尖閣に無理やり上陸した部隊が全滅したら、習近平の面子が丸潰れになってしまう可能性があります。

米中対決において、習近平はきわめて慎重な外交政策を求められるところですが、しかし、おそらく国内政治の延長としてしか外交はできないでしょう。貿易問題でのアメリカへの対抗措置や南シナ海における領有権問題などは、国内での権力闘争ともつながっていますから。中国の外交というのは、歴史的にそうなのです。

ですから、人民解放軍についても、習近平のグリップが効いているのかどうかということは、きわめて微妙だと思います。

ケント　私もそれをいつも考えます。中国の人民解放軍は約200万人強いますが、評論家の石平さんから以前に話を聞いたかぎり、完全に腐敗しきっています。そんな腐敗した軍隊の主導権を、本当に習近平政権は握っているのか。勝手に暴走することはないのかと。

上念　もともと人民解放軍は七つの軍区に分かれていました。それは、軍隊が結束して共産党政権に対してクーデターを起こさないように、互いに牽制させるように分断していたのです。

それを習近平は近代的な軍をつくるということで軍区改革を行い、五つの戦区に再編しました。一方で、かつての党中央軍事委員会の副主席で軍のトップだった郭伯雄や徐才厚を汚職摘発運動で粛清しました。

ただ、その部下は残っているわけで、いままでみたいに人民解放軍でおいしいビジネスもできなくなっているので、やはり習近平に対して恨みを抱いているはずなのです。

その不満がどのようなかたちで爆発するかは、わからないですね。

ケント　習近平は人民解放軍の30万人削減を行いましたよね。２０１５年9月3日の抗日戦争勝利70周年記念式典で削減計画を発表しましたが、18年3月5日の政治報告で、この人員削減を達成したことが表明されました。

上念　そう、その不満も大きいらしいですよ。退職金や再就職についても、いろいろと厳しくなっているようです。

最近は、退役軍人が退役後の保障などの待遇改善を求めるデモが各地で起こっています。しかも、これまでなら考えられないところで、いきなり数千人規模が集まる。

たとえば2016年10月には、国防省前で約1000人の退役軍人がデモを行いました。そんなところでデモが起こるなどということは、少し前なら考えられません。

また、2018年6月上旬には、河南省漯河市で元軍人による数千人規模のデモが発生。同月中旬には四川省中江県で、元軍人が警察官に暴行された事件に抗議する数百人規模のデモが行われています。そして19日には、江蘇省鎮江市で数千人規模の退役軍人デモが起こっています。

こうした退役軍人デモが繰り返されたら、中国はかなりまずいといわれています。ただ、やはりそれくらいでは中華皇帝はまだ倒れないとは思いますが。

ケント 人民解放軍の近代化はどうなのですか？

上念 これは、かなり進んでいるという説と、遅れているという説の両方ありますね。

陸上自衛隊の元東部方面総監だった渡部悦和氏が、『中国人民解放軍の全貌』（扶桑社新書）という本を書いています。彼は人民解放軍研究の世界的権威で、さまざまなリサーチをされているのですが、渡部氏によれば、中国はアメリカより進んでいる部分があるといいます。

軍隊は通常、陸海空ですよね。ところが現在の中国軍では、宇宙とサイバー、さらに電磁パルス層を加えた六つのドメインが対象になっていて、この六つが完全に連動した軍隊を目指して整備しているらしいのです。

２０１８年6月にトランプ大統領が宇宙軍の設立を指示したというニュースがありましたが、中国はとっくにやっているのです。そこがアメリカより進んでいる部分ですね。

もっとも中国がその分野を強化する理由は、まともに戦ってもアメリカには絶対に勝てないことがわかっているからです。どのような状況なら勝てるかを研究し、電磁パルス攻撃でアメリカのコンピュータを破壊する、あるいは衛星破壊によってアメリカのＧＰＳが完全にダウンする状況なら勝てると考えているようです。

ケント　電磁パルス攻撃というのは、核爆発を空中で起こして、一時的に電子機器全体をショートさせて使えなくする攻撃のことですよね？　コンピュータやレーダーを使用不可能にして、アメリカ軍の動きを麻痺《まひ》させるわけですね。

上念　そうです。それと衛星破壊によってＧＰＳ網を破壊してしまおうと。現在の兵器はＧＰＳがないと精密誘導ができませんから。

そうしてハイテク兵器を一時的に麻痺させ、同時にサイバー攻撃も行って一気に情報網をダウンさせる。その間に集中的にミサイル攻撃を仕掛ける。これが彼らの目指す戦略だというのです。逆に、このような短期集中型の戦争しかできないのが人民解放軍です。ひとたび戦闘に負けて多くの死傷者が出ると中華皇帝の面子が丸潰れになって内乱が起こるからです。だから、習近平はこれに特化した軍隊をつくっているというのが一つの説です。これが本当だったら、相当な脅威でしょう。

しかし、もう一つ別の説があります。これは東京大学大学院の川島博之准教授の説です。それによれば、中国は基本的に4億人の都市住民と9億人の農民戸籍で構成されていますが、この9億人の農民戸籍は、ろくな教育も受けておらず、都市住民からもバカにされてひどい目にあっている、いわば「奴隷」だというのです。

そして、人民解放軍には都市戸籍をもっている人は基本的に入隊しないと。中国というのは、伝統的に軍隊の地位が低くて文人政治なのです。科挙試験に受かった者が官僚として統治するということを続けてきました。だから中国において軍隊というのは、ゴロツキや食い詰めた者が入るもの、という意識が強いのだそうです。

都市住民が人民解放軍に入隊するとなると、「軍隊しか行けなかったの?」と、少し侮蔑的に見られてしまうということです。それで、人民解放軍の兵士の大半は農民戸籍で占められているらしいのです。

その農民戸籍の人はたいした教育も受けていないし、貧乏なので軍隊でも賄賂を取って稼ぐことばかり考えている。

前述の渡部悦和氏が中国で見学してきたような、いわゆる都市戸籍の偉い軍幹部が考えた、素晴らしいプランはあるかもしれないけれど、実行するのはその農民戸籍の連中ですから、「できるわけがない」というのが川島氏の意見です。

中国の軍事予算は毎年２ケタ増で伸びているといわれますが、それほどの額が必要なのも、軍事費として与えられたお金をみんなが横領するからだという話もあります。「できる司令官」は、なるべく金のかかる軍事演習をやらないようにするそうです。そうして金を浮かせてポケットに入れる。これは本当らしいですよ。

川島氏によれば、日本人は中国の都市戸籍のアッパークラスの人たちの発表を見ているけれど、現実に軍を動かしているのは、その下にいる農民戸籍の９億人の奴隷であり、だから北京などで見聞きしたことが中国全体でも同じだと思わないほうがいいと述べています。

著名な作家の安能務氏は、上海に来た外国人は上海で起きていることを中国全体でも起こっていることのように錯覚すると指摘し、そのことを「上海メガネ」と呼びましたが、それと同じですね。

深圳の急速な発展ぶりを見てきて、「もう、日本は完敗だ」などと言っている日本人がいますが、「９億人の奴隷がどんなところに住んでいるか見てこい！」みたいなことを、川島氏は言っていましたね。

◎中国の空母は役に立つのか

ケント　中国は旧ソ連時代に建造途中だった空母ワリヤーグを、「海上カジノとして利用する」という名目でウクライナから購入し、改造して、「遼寧」という空母にしましたよね。

そしてさらに、現在、国産の空母をつくっています。

上念　まだ就役していません。そのほか、国産空母は2番艦、3番艦までつくっているらしいですよ。

ケント　しかし、何のために必要なのですかね。南シナ海で使うつもりですかね。

上念　まあ、そうでしょう。中華皇帝としては、空母打撃群をつくって、世界を睥睨しようと思っているのではないですか。

ただ、実際にはあの空母を使わずに、圧力だけで戦わずして勝つというのが孫子の兵法ですけれどね。実際に使うと、負けるかもしれないですから。

もしフィリピンと全面戦争になった場合、フィリピン軍が中国の誇る国産空母を１隻でも沈めてしまったら、習近平は窮地に陥るでしょう。「習近平は何をやっているんだ！　おまえは偽の中華皇帝だ！」ということで、国内で反乱が起こるかもしれない。

だから中国は戦争になっても、ある程度戦ったところで、「まあ、これくらいにしておいてやるか」といって軍を引くことになると思うんですよ。中国の対外戦争の歴史は毎回そのパターンですよ。

ケント　中国の国内では暴動が毎日起きているという話で、その数は年間10万件にも達するといわれていますが、これはどうなのでしょうか。これほど暴動があっても、習近平政権は潰れませんか。

上念　暴動件数が多いのは、いつものことです。やはり、これでは中華皇帝は倒れないんですよね。民衆は武器を持っている警察や人民解放軍には鎮圧されてしまいますから。石平氏も言っていますが、皇帝の面子が丸潰れになるようなことが起こらないと王朝は倒れないんです。

まあ、いちばん簡単なのは、せっかく自作した空母が撃沈されてしまうとか、そういうことですよね。

これは自衛隊の元潜水艦乗りの方に聞いたのですが、空母を維持するには、ものすごいコストがかかるそうです。資金だけではなく、マンパワー的な面でも。

ケント そうなんですよ。アメリカの空母打撃群を見ればわかると思いますが、空母1隻では何の意味もないのです。艦載機の必要性はいうまでもありませんが、空母を取り囲む複数の護衛艦とか、補給艦などを全部揃えなければいけない。

それらを一体にして運用するのは、ものすごいお金と労力がかかります。だから第2次世界大戦中にそれを実戦レベルで運用できたのは、アメリカと日本くらいでした。ドイツ軍も陸軍はたしかに強かったけど、海軍はUボートという潜水艦くらいしか活躍していない。

上念 ところが、潜水艦というのはきわめて低コストなのだそうです。しかも日本の潜水艦は、ほとんど音が出ないので、その元潜水艦乗務員の方は、もし戦端が開かれた場合には、人民解放軍の空母はもって1日、下手をすれば10分くらいで撃沈できてしまうかもしれない、と言っていました。

その人は、リムパック（環太平洋合同演習）のときに、2回の演習でアメリカの空母を3回沈めたそうです。

その潜水艦乗務員の腕もさることながら、やはり潜水艦は見つけにくいのでしょう。

ケント　日本の潜水艦のほうが、アメリカよりも性能がいいのでしょう?

上念　いちばんいいようですね。アメリカの原潜よりも音が少ないといわれています。そして、どの艦船からどのようなスクリュー音が出るかといったことなど、全部音紋を把握しているので、空母などは動く標的になってしまうかもしれません。

中国がファイアリー・クロス礁や南沙諸島に建築している基地などは、たんなる標的になる可能性がありますよ。シリアへのミサイル攻撃を見ればわかるとおり、アメリカはスタンドオフ攻撃といって、敵の防空圏の外から巡航ミサイルを撃ってくる。しかも、巡航ミサイルは航空機と同じで真っ直ぐ飛ばずにぐにゃぐにゃ曲がってくるので、迎撃しようがないんですよね。

だからいくら対空兵器でもちこたえようとしても、スタンドオフ攻撃を仕掛けられ、潜水艦からも攻撃を受けて、海上封鎖によって補給が受けられない状態になれば、すぐに壊滅してしまうでしょう。しかも、サンゴ礁の上に建っている基地ですから、1回爆撃すればば使い物にならなくなる。

そう考えると、南沙諸島の基地は象徴的な意味はあったとしても、戦術的にはほとんど意味がないと思います。

日本もかつて大東亜戦争では、アメリカ軍に「アイランドホッピング」（飛び石作戦）という戦略を仕掛けられました。旧日本軍は太平洋の小島に多くの基地をつくりましたが、アメリカは日本本土へ迫るために重要な島を戦力集中・各個撃破で次々と攻め落としていき、その結果、日本はすべての太平洋上の拠点を失ってしまったのです。

中国は、かつての日本の間違った戦略を、南シナ海でもっと小さなスケールでやっているわけです。

ケント　なるほど。

空母にしても、過去はもちろんのこと、いまでもまともに運用できていないですよね。遼寧にしても、国産空母の第1号にしても、飛行甲板はスキージャンプ式で、カタパルトすらついていないという話ですが。

上念　そうなんですよ。国産1号にはカタパルトがついていると噂されていましたが、やはりスキージャンプ式でした。

そういう意味でいうと、中国は大きいものはつくるけれども、本当にどこまで運用できるかまだわからないですね。

◎中国は民主化できるか

ケント　前述したように、これまでアメリカは「経済発展すれば中国は民主化する」と考えて、中国の経済成長を盲目的に支援してきた側面がありますが、ようやくそれが幻想であることに気づいたようです。

そこでトランプ政権は対中政策の大転換をはかっているわけですけれど、そもそも中国という国は民主化できるのでしょうか？

上念　中国が民主化できるかについては、「現代の魯迅」ともいうべき評論家、石平氏の意見に説得力があると思います。石平氏によれば、中国の人民は「中華皇帝に対して非常に強い依存心をもっている」といいます。

象徴的な事件が2018年、成田空港で起きました。1月24日の夜、格安航空会社（LCC）ジェットスター・ジャパンの成田発上海行きの便が上海空港の悪天候で成田を離陸できず、遅延トラブルに巻き込まれた100人ほどの中国人観光客が激高し、中国国歌「義勇軍行進曲」を合唱して抗議するという大騒ぎになったのです。

なぜこのようなことが起きたかといえば、石平氏によれば「困ったときは、きっと中華皇帝様がなんとかしてくれる」という依存心の現れだというのですね。日本では、LCCの遅延に対し「君が代」を歌って抗議するなど考えられません。
　この騒ぎに対し、中国共産党機関紙「人民日報」の姉妹紙「環球時報」は、中国外務省領事保護センター参事官・趙岩氏のインタビューを掲載し、「これは乗客と航空会社の間の普通のトラブルであり、このような具体的な状況で、集団で国歌を歌うことで問題を解決しようとするのは明らかに不適切」「何から何まで政府に頼ることはできないということを肝に銘じておくべきだ」と異例の警告を発しています。
　とはいえ、どこかで中華皇帝を求める中国人の依存心がまさにいまの習近平独裁体制を支えている人びとの声であり、これがなくならないかぎり、中国の民主化はどうにもなりません。

ケント　共産圏の国々というのは、自分たちで何かをするのではなく、言われたことをすればいいので、プロアクティブ（積極的）な精神がまるで育ちません。ソ連の後継であるロシアがいい例ですが、民主化したはずなのに経済がいっこうに成長しないのは、それが一つの原因ではないかと私は考えています。

上念　ロシアも中華皇帝と同様、ロシア皇帝への依存心のようなものがあります。プーチン大統領は、いちおう選挙で選ばれていますけれど、皇帝化していますよね。これはもう共産圏に共通の宿命なのかもしれません。

ケント　だからというか、トランプ大統領はおそらくレーガン大統領がソ連を崩壊させたように、中国共産党による支配体制を倒したいという気持ちがあると思うのです。

上念　ありますね、そう思います。

先ほどの続きになりますが、中国にもし希望があるとしたら、それは台湾です。台湾は中華系の国ではありますが、中華皇帝がいません。

以前は蔣介石、その子供で後継者の蔣経国という2代にわたる中華皇帝がいましたが、1996年、李登輝総統の時代に皇帝制度を放棄して、選挙によって国家の指導者を選ぶという制度を中華圏ではじめて確立しました。

李登輝総統以降、馬英九前総統のような非常に親中派のリーダーも誕生しましたが、それでも選挙で選ばれた代表が国民を統治するという制度を続けています。

つまり、皇帝がいなくても中華民族はきちんと統治できることを証明してしまったわけで、中華皇帝というシステムの最大のアンチテーゼが台湾なのです。

ケント　しかも、台湾は政権交代も何度か経験していますよね。

台湾は国共内戦に敗れて中国大陸から渡ってきた蔣介石の国民党政権が長らく独裁体制にありましたが、李登輝総統時代以降の選挙によって、２０００年には独立志向の強い民主進歩党（民進党）に政権交代しました。

その後、２００８年に国民党に政権を奪還されて馬英九が総統となりましたが、16年には再び民進党への政権交代が起こり、現在の蔡英文総統が誕生しました。

このように、民意によってほかの党へ政権が変わることを中華世界に示すという点でも、台湾の存在は大きいと思います。

上念　そして、中国にとって、もう一つの敵が日本です。日本人は漢民族と同じような顔つきをしていますが、１００年以上も前から選挙による民主主義を実現しています。

しかも皇帝たる天皇が存在し、一度も皇位を簒奪《さんだつ》されていません。いわゆる「万世一系」ですね。それを非常にうらやましく思っているからこそ、中国の指導者は天皇に会いたがるのです。

そういう意味では、日本も強烈なアンチテーゼであって、中国にとっては、台湾同様、やはり存在してはいけない国なのです。

この日本と台湾という2カ国が連携し、民主主義による豊かな社会をつくることが、戦争以上に中国の脅威になると私は思います。言い換えれば、中国の人民に対して「民主主義を実現しようと思えばできますよ」というメッセージにもなりますから。

ケント　逆に、中華世界に引き戻されて、しだいに民主主義を失いつつあるのが香港でしょう。香港の選挙に対して、中国共産党が露骨に関与するようになっていますから。

上念　そうですね。中国共産党にとっては、自分たちの一党独裁が崩れることは脅威以外の何ものでもありません。

もちろん香港でも民主化や独立を求める声は非常に多い。２０１４年には香港の行政長官選挙に中国共産党が介入していることに若者たちの怒りが爆発し、民主化を求めて香港の市街地を占拠する「雨傘革命」が起こりました。ただ、中国側に潰されてしまいましたが。

中国の歴史を辿ってみると、統一王朝でなかった時期、たとえば春秋戦国時代や五胡十六国時代のように、国内が分裂していた時代も長かったですから、もし香港が独立できれば、中国にとっては大変な脅威となるでしょうね。

習近平国家主席の権威が揺らぎ、「香港がするならウチも」と福建省のような豊かな省が独立するかもしれない。そういうかたちで国際秩序に入ってくれれば、中華皇帝という、人を不幸にしかしないシステムも、歴史から永久に消し去ることができるかもしれません。

◎米中貿易戦争の行き着く先は中国の民主化?

ケント　現在の台湾の蔡英文総統は、中国が主張する「一つの中国」を認めていないですよね。そしてトランプ政権は、台湾との関係改善に関してはとても積極的です。

トランプ氏は大統領選に勝利した直後に、蔡英文総統と電話会談を行いました。これはアメリカが中国と国交を結び、そのために台湾と断交した1979年以来、はじめてのことでした。

そして2018年3月には、アメリカで「台湾旅行法」が成立しました。これはアメリカと台湾の政府高官の相互訪問を促進する法律です。

もともとアメリカには「台湾関係法」というものがあって、台湾を外国諸国や政府と同様に扱うことにはなっていたのですが、これまでアメリカは中国との関係を重視して、台湾との外交をやや自粛していたのです。しかし、台湾旅行法によって、台湾との交流を活発化することを法律で決めたわけです。

そのほか、6月にはアメリカ在台湾協会の新庁舎が完成し、その落成式に蔡英文総統とアメリカの国務次官補が出席しましたが、実質的には台湾のアメリカ大使館という位置づけでしょう。

こうしたアメリカの動きに、習近平政権は非常にナーバスになっており、たびたびアメリカへの抗議を行っています。

上念　これらは、トランプ大統領が用意周到に行ったものなのか、ただ勘でやっているのかはわかりませんが、日本と連携しながら台湾を援助するというのは、中国にとっては最悪の政策です。トランプ政権はまさに中国のいちばん嫌がることをしているわけです。

ケント　すると、米中貿易戦争の真の狙いは、やはり中国共産党政権を倒すということになりますか？

上念　最終的にはそうだと思います。

たとえば1980年代後半というのは、アメリカに軍事、経済の両面で二つの敵国がありました。

軍事的な敵であるソ連に対しては、スターウォーズ計画などの軍事構想を積極的に仕掛けることで崩壊に導きました。そして経済的な敵というのは、まさしく日本であり、巨額の対米貿易黒字を計上していたことを保護主義と非難し、スーパー301条の適用をちらつかせて大幅な譲歩を迫り、日本製品を次々と排斥していきました。

ロバート・マッキノン氏、大野健一氏の共著『ドルと円』（日本経済新聞社）で述べられている「円高シンドローム」という説があります。1990年代の日本は貿易問題をめぐるアメリカからのプレッシャーを受け、金融政策と財政政策に引き締めぎみのスタンスを取り続けてしまったというのがその趣旨です。しかも、その際に指標となったのはドル円レートでした。日本はアメリカの顔色を伺うあまり、アメリカが怒るレベルの円安にならないよう、暗黙の円高誘導を行ったのです。そして、デフレに陥るまで為替を円高に誘導する金融政策を続けてしまいました。

現在の中国はといえば、軍事・経済のダブルでアメリカの敵になっています。するともう、日本やソ連にやった以上のことをアメリカは仕掛けていくでしょうし、中国へ制裁関税を実行したというのは、1発目のジャブとして、非常に強烈な一撃になったと思います。

◎中国のアメリカ不動産買い漁りは脅威ではない

ケント　では、不動産についてはどうでしょうか？　いま、中国がアメリカの不動産をものすごい勢いで買い漁《あさ》っています。

私は経済にあまり強くありませんが、日本はバブルのとき、アメリカの不動産を買いまくりましたね。その後、バブルがはじけて、今度はアメリカが安く買い戻しました。結局、誰が得したかといえば、アメリカだったと思うのです。

当時の日本は、「かつて戦争に負けた仕返しとして、今度は金の力でアメリカを占領しようとしている」といった言われ方をしましたけれども、このような言葉は、現在ではまったく耳にしません。ペブルビーチのゴルフ場も、ロックフェラーセンターも、一度は日本の手に渡ったものの、すべて買い戻されましたから。

上念　買い戻されたものと、そうでないものがあって、たとえばロックフェラーセンターについては、日米のお互いにとって悪いディールではありませんでした。

２０１３年11月18日付の「日本経済新聞」（電子版）には、「三菱地所、続きがあったロックフェラー物語」という記事が掲載され、その後の経緯が記されています。一部を引用しながら紹介しましょう。

１９８９年に三菱地所がニューヨーク５番街にある複合施設、ロックフェラーセンターを所有するロックフェラーグループ（ＲＧＩ）を約２２００億円で買収することを決定するやいなや、「米国全土で激烈な『日本たたき』のうねり」が巻き起こりました。

しかし、ほどなくバブルは崩壊し、

「ＲＧＩは95年に米連邦破産法11条（チャプターイレブン）を申請してあえなく破綻する。

三菱地所は96年3月期にRGIの株式評価損として1500億円強の特別損失の計上を余儀なくされる。53年の上場以来、初の最終赤字転落だった。かくして三菱地所とロックフェラーの物語はバブルに踊った日本人の失敗事例として歴史に刻まれることになるのであった……」

ところが、この物語には続きがあり、アメリカに進出した多くの日本企業が撤退するなか、三菱地所は1997年にRGIを完全子会社化します。

「当時は破綻処理後の後ろ向きの子会社化の色合いが濃く、ロックフェラーセンターに保有していた14棟のうち12棟は外部に売却済み。残ったのは『タイムライフビル』と『マグロウヒルビル』の2棟だけ」だったものの、現地社員を軸に細々と経営を続けた結果、なんと2013年4~9月期決算で三菱地所全体の連結営業利益737億円（前年同期比26%増）のうち、201億円の利益を叩き出した海外事業の主力にまで成長したのです。

ケント　なるほど。

バブル崩壊後、日本ではアメリカの投資ファンドが、国内のゴルフ場をずいぶん買収しましたよね。

上念　アコーディア・ゴルフなどがそうですね。2002年にアメリカの投資銀行ゴールドマン・サックスの不動産投資ファンドの傘下に入りましたが、11年に資本提携を解消しています。

ケント　日本ではこうした投資ファンドは「ハゲタカファンド」などと呼ばれましたが、別の見方をすれば、不良債権化した物件をたくさん買って、ダメなものは整理し、いいものだけを残して利益を出したのです。

もちろんアメリカの投資ファンドはこれでかなり儲けましたが、はっきりいって日本の投資家や企業にはその能力がまったくなかったわけで、結果的にこれは日本経済にとっても、いい影響を与えませんでしたか？

上念　不良債権は処理しないとダメですから、むしろ助かった面もあると思います。たとえば1997年に破綻した山一證券の旧本社ビルは、アメリカの損害保険会社AIGが購入して「日本橋AIG兜町ビル」になりましたが、リーマンショックでAIGが破綻しそうになると、再び売却され、現在は平和不動産の持ちものになっています。旧山一證券本社ビルは、日本橋AIG兜町ビル、METLIFE兜町ビル、兜町第1平和ビルと3回も名前を変えました。

ですから、不動産の売買は企業間で、その時々で得になることをして動いているわけですから、売ったら負けで、買ったら勝ちというものではないのです。

ケント いま中国が買い漁っているのも、勝ち負けではないわけですね。なるほど、わかりました。北海道でも中国人が日本の不動産を買い漁っているといわれますが、これはあんまり心配しなくてもいいのでしょうかね。

上念 私は彼らが原野商法の被害者だと思うんです。また、仮にそうでなくても外国人土地所有はいくら規制したところで意味がないです。反日日本人が名義貸しできるし、やりたい放題ですよ。そもそも、日本は所有権の力が強すぎるので民法を改正して、安全保障上の合理的な理由があれば所有権を制限できるようにしないとダメです。

◎対北朝鮮についてのトランプ大統領への不安

ケント ところで、朝鮮半島情勢については、どう見られていますか。トランプ・金正恩の米朝首脳会談については、「合意内容に具体的なことが何もなく曖昧だ」という批判がありましたが、私は、表に出せない密約があったと思います。

ただ、私は、トランプ大統領が米韓合同軍事演習を中断したことが驚きでした。あんなことをやったらダメですよ。

上念　トランプ政権に融和的な「ウォール・ストリート・ジャーナル」ですら、今回の結果にあんまりいいことを書いていないですね。「米韓合同演習をやめてしまったのは、一方的に何の見返りもなく与えたお土産で、非常によくない」と。

北朝鮮のこれまでのパターンというのは、毎回最初に「ＹＥＳ」と言って、結局やらずに援助だけぼったくると。同じその罠にはまっていないかということを指摘していましたね。

ケント　もしも密約がなければ、考えられない失敗ですね。ただ、経済制裁措置を解除するようなことはいっていないでしょう。制裁の継続はかなり効果が出ているようですね。

上念　そうですね。

もっとも、それに関しても「ウォール・ストリート・ジャーナル」（２０１８年６月13日付）は、

「中国は12日、早くも制裁緩和を呼び掛けた。トランプ氏は中国が既に『ここ2カ月ほど（制裁実施を）緩和している。まあそれは構わない』と述べた。構わないとはどういうこ

とか、同氏は制裁を実施したいのか、それともやめたいのか……」
と批判しています。

ケント　とりあえず、中国に対して制裁実施の要求を再開することはいつでもできるから、それを餌にしたのだと思うのですよ。それで、もし北が動かなかったら、また中国への制裁実施要求を再開すればいいですし。それで中国がやらないなら、貿易戦争の度合いを強める口実になる。

上念　問題は、アメリカ陸軍がいつ北朝鮮の本土に入るかということが、唯一のポイントです。

ケント　核兵器を解体する技術をもっているのはアメリカだけですからね。中国もロシアもできない。ですから、そのためにアメリカ軍をどうしても北朝鮮領土内に入れないといけない時期がいずれくる。

あるいは、核兵器を北朝鮮から持ち出すか、ですよ。それをテネシーにある解体工場にもっていく準備をしている、といったことを誰かが言っていましたね。

上念　実際に解体のオペレーションできるのがアメリカだけだというのは、たしかにそのとおりで、だとすると、アメリカ軍が入る日程が決まっていないかぎりは、演習は中止できないはずです。

アメリカ軍が入る日程がもうすでに決まっていて、そこに向かって動いているのなら、合同軍事演習を中止した意味もわかるのですよ。すでに脅威でないなら、もう演習する必要がないですからね。

ただ、北朝鮮が最初は約束しておいて、結局、受け入れないで嘘ついて……みたいな話だと、そのときにアメリカが何をしてくるかですよね。

ポンペオ国務長官も、北朝鮮の非核化をめぐる協議に期限を設けないと言いだしたり（6月25日）、7月に平壌を訪れたポンペオ氏と北朝鮮ナンバー2の金英哲副委員長の会談後には、北朝鮮側が「アメリカ側の態度と立場はじつに残念極まりない」と批判するなど、交渉が進展していないことを匂わせる事態が続いています。

ケント　まず、核兵器がどこにあるかを北朝鮮に申告してもらわないといけないのですが、それすらまだ成されていない。

たしかに、トランプ大統領は思いつきで態度が変わるようなところがありますが、ただ、ポンペオ氏やボルトン氏がトランプ政権にいる以上は、心配しなくてもいいと思っています。さらに安倍首相に対しても、トランプ大統領は一目も二目も置いていますからね。もし交渉がいつまでも決まらず、決裂すれば、アメリカはさらに厳しい態度で北朝鮮に対することになると思いますよ。

あるいは、トランプ大統領はそれを待っているのかもしれません。約束だけして、相手がそれを破るのを待っている。

上念　トランプ大統領は、G7の中で孤立していますけど、仲間に厳しく、敵に甘いみたいなイメージになってしまったらまったく意味がないと思うので、まあ、心配はそこですよね。

米朝首脳会談以降、在韓米軍が撤退するのではないかという憶測が流れています。これについてはどう思われますか？　トランプ大統領は、かねてから「金の無駄だ」と発言をしていますけれど、軍関係者からは、「せっかく有利なものを、なんでわざわざ手放すんだ」という意見が多いようです。

ケント　アメリカの軍隊を支配しているのは、じつは大統領ではなくて、予算です。トランプ大統領はたしかに名目上はアメリカ軍の最高司令官かもしれないけれど、実際に掌握しているのは予算、つまり、予算を握っている上院の防衛族議員たちです。

彼らは、軍が韓国から撤退することをまず認めないと思います。加えて退役軍人もかなり反対するでしょう。韓国は約４万人のアメリカ軍兵士の命を犠牲にして守った国ですから。

ただし、完全撤退は認めなくても、グワンタナモ方式のような、かなりの縮小という選択肢はあるかもしれません。しかし現実的には、可能性は限りなく低いと思います。時間もかかりますし。

第一、２０１８年６月に在韓米軍はソウル龍山から平沢のハンフリーズ基地へ移転したばかりで、移転に16兆ウォン（約１兆５８６０億円）かかっています。そのうち94％は韓国の負担ですが。

上念　なるほど。在韓米軍が撤退するようなことになれば、アジア、とりわけ日本の防衛ラインも大きく変更せざるをえなくなるでしょうが、まだ、そのような可能性は低いということですね。

◎韓国が抱える大問題

ケント　アメリカと北朝鮮の交渉は予断を許しませんが、もう一方の当事者である韓国との関係については、どうですか。
二度にわたる南北首脳会談では、文在寅大統領がしきりに南北融和ムードを演出して、いまにも統一が実現するかのような雰囲気でしたが、その裏で、韓国では大きな反対デモが起こっていました。そのようなことを日本のメディアはまったく報じない。

上念　とはいえ、南北首脳会談後の文在寅大統領の支持率は8割を超えてましたね。でも、度重なる経済失政の影響で、支持率は8月には58％（韓国ギャラップ社調査）まで下がりました。やはり極端から極端に振れるあの国は、どうなるかわからないですね。

ケント　本当にわからないですね。世論調査は信じられないですし。

ただ、私は文在寅大統領が進めている南北融和路線は、アメリカや中国、そしてもちろん日本の国益を無視したものだと見ています。だから、彼にとってかなり危ないと思います。

南北朝鮮の統一を必ずしも中国は望んでいませんし、アメリカにとっては北朝鮮の非核化が最重要課題です。そして、最終的には日本の援助がなければ、南北統一も非核化も実現できないでしょう。

つまり、関係諸国の国益にじゅうぶん配慮しないで物事を進めることは、決して外交的に得策ではないし、最終的には文大統領の、ひいては韓国の孤立化につながる可能性が大いにあると思います。


上念　韓国の弱点は、若年失業率が非常に高いことです。

韓国では、15歳から29歳までを「若年」としていますが、その若年失業率が２０１７年12月の雇用動向によると９・９％で、２０００年以降でもっとも高かったそうです。

韓国の失業率は、統計の取り方のカラクリで、低めに出るようになっているのです。たとえば、就職したくても職がなくて就業をあきらめた人は失業者に含めず、非経済人口に分類します。

だから、若年失業率も体感としては25％、あるいはそれ以上ともいわれています。全体の失業率が25％くらいで、若年失業率は6割近いという報告もあります。

このように若年層の失業率が高い一因は、文在寅の経済政策にあります。もともと朴槿《パク》恵《ク》《ネ》政権時代から韓国経済は下降ぎみで若年失業率も高かったのですが、文在寅政権になってからは、まるで日本の立憲民主党が主張しているような経済政策（成長より再分配重視、最低賃金引き上げなど）を行い、ますます経済的混乱を招いてしまいました。

まず、韓国経済は経済成長不足なのですが、文在寅政権は金融を引き締め、財政も緊縮ぎみです。

文在寅は、富裕層や企業には増税する一方、3年間で最低賃金を1万ウォンに引き上げ、公務員を81万人雇用する政策を打ち出しています。結局、再配分がメインであり、労働組合を優遇するような政策なのです。再配分は全体的なパイを大きくすることにはつながらないので、全員が等しく貧しくなり、格差が固定されるのです。

ケント　後先を考えない再配分は、社会主義国でよく見られる経済政策ですね。まあ、アメリカと日本でも、民主党政権がこの愚策を見事にやってくれましたが。

上念　第1章でも述べましたが、実際、2017年に最低賃金を一気に16・4%も引き上げたことで、企業はますます人材採用を控えるようになり、2018年3月の失業率は、0・4ポイントアップの4・5%になってしまいました。

にもかかわらず、7月に2019年度の最低賃金を10・9%増にすることを発表したことで、景気悪化を懸念する自営業者や保守層から猛反発を食らったのです。

ケント　それで、文政権の支持率が急落したわけですか。

上念　そうです。

しかし、最低賃金を上げるというのは、まさに日本の立憲民主党が掲げているのと同じ政策ですけれど、それが本当に労働者にとっていいことなのか、よく考えてみるべきですよね。

これも第1章で論じましたが、結局、時給が上がったら経営者はなるべく人を減らして機械にやらせようとするに決まっていますから。

むしろ最低賃金を上げる前に、金融緩和を行って、物価上昇率をプラスにすべきだと思います。たとえば、金融緩和で貨幣量を増やしたことで物価が上昇している場合、最低賃金を上げてもあまり影響はありません。

しかし、物価が上昇していないのに最低賃金を上げると、コスト高になりますから、まず失業率が増えます。

まして韓国のように、デフレ推進政策をやっているときに、最低賃金を上げれば、通常以上に失業率が上がってしまいます。

ケント　韓国はデフレですか？

上念　まだ定義上のデフレにはなっていませんが、金融政策も財政政策も緊縮的で、傾向的にはデフレに向かっています。

ケント　日本では、２０１８年3月卒業の大卒就職率は98％以上ということですが、信じられない高水準ですよね。韓国ではどうですか？

上念　韓国は２０１７年12月に教育部が発表した就職率で67・7％ですが、その数字でも水増し疑惑があるとのこと（「中央日報」２０１８年5月21日付）。

実際には、半分くらいが就職できないともいわれていますね。

ケント　それはひどい。日本よりも激しい受験戦争を経て、最終的に大学を卒業してこの結果だと、大学に行った意味が果たしてあるのかどうか。

日本と韓国を比較したときに、よくわからないのは両国とも少子高齢化になっている点です。

日本も人手が足りないから、外国人労働者をどんどん入れている。それでも足りないから、賃金が少しずつ上がっていっている。

人手不足というのは、深刻な問題です。私もバブル時代にファストフード店を経営していたときなどは、リクルートの求人雑誌に掲載料20万円を払って社員募集広告を出しても、応募者が１人いるかどうかという状況でした。

新店舗を出すときに、どうやってスタッフを集めるかというと、結局、友達の友達にお願いして、少し賃金を多めに払ったりして、それでようやく人が集まりました。

上念　そうやって上昇する賃金というのは、健全なんですよね。ニーズに基づいていますから。しかし、韓国の場合、仕事がないのにもかかわらず、最低賃金を上げてしまった。

ケント　日本は失業率があまりに低すぎて、人が足りないわけですよね。同じ少子高齢化の国なのに、どうして韓国はそうならないのですか。

上念　まあ、これがいわゆる経済学で考えるところの「余剰がある」ということですよね。人が余ってしまうくらいの設備しかないということです。

本当は企業がもっと設備投資を行って、人が働ける環境をつくるべきで、そのためには金利をもっと下げて投資を促進させなければいけない。

ところが韓国は金利を下げられないのです。なぜかというと、金利を下げるとキャピタルフライトが起こってしまう可能性があるからです。

ケント　外国からの投資が減る、外資系が逃げてしまうということですね。

上念　はい。韓国は１９９７年のアジア通貨危機で、国際通貨基金（ＩＭＦ）の管理下に入りました。それによって、外資導入が進み、大手企業では外国人株主が半数以上を占めるようになりました。そのように、外国資本に依存しているので、金利が下がりすぎると外国人投資家が韓国ウォンを売って逃げてしまう可能性があるんですよ。そうなるとウォンは暴落します。

ウォンを売られないようにするための最大の武器は、じつは、日韓通貨スワップです。韓国としては、日本と結んでいた通貨スワップが非常にありがたかったのです。それがあれば、投機家にウォンを売り込まれても日本からのお金を使って買い戻すことができます。そうなれば投機家たちも痛い目を見ることになるので、韓国ウォンを売り込むことを躊躇するようになります。「やばい、日本がバックにいるな」と。

ところが２０１５年に日韓通貨スワップ協定が切れて、もう3年にもなります。だから、もし韓国政府がむやみに利下げをすれば、投機家は安心して韓国ウォンを売ってくる可能性があります。

そうすると韓国の中央銀行としては、怖いですよね。下手に利下げすると、ウォンが売られてしまう。そうなると、資金不足で韓国経済はさらに悪化するかもしれない。アジア通貨危機で韓国がＩＭＦ管理下に入ったときの二の舞になるかもしれない。こうした心理を「１９９７年のトラウマ」と呼んでいますけれども、まさにこのトラウマによって、韓国は金融緩和に対してやや消極的なのです。

ケント　財閥系企業にしても、株の大部分を外国の投資ファンドなどがもっているわけですよね。世間では韓国ナンバーワンの超優良企業と認識されているサムスン電子にしても、外国人株主比率は50％以上といわれていますね。

上念　そうです。

さらに外国人株主比率が高いのは、銀行ですよ。韓国最大の国民銀行などは85％が外国資本です。韓国の大手銀行はアジア通貨危機の際、１行を除いて、外国人株主比率が７割から８割となり、ほとんどが外資系の銀行になってしまいました。

このように、経済の中心的な企業に外資がかなり入っていますから、金利をものすごく気にするわけですよ。外資にとって投資がおいしい状態をつくらないかぎり、出ていかれて潰れてしまいますから。

ケント　一方で、韓国は外国人労働者を入れるというよりも、むしろ韓国人を海外に送り出していますよね。韓国政府も大卒者が日本で就職することを推奨しています。

上念　そうですね。それはやはり人が余っているからですよ。

ケント　それでは、ブレイン・ドレイン（頭脳流出）がひどいことになるのではないですか。いちばん優秀な人材が海外に出ていって、二度と帰ってこない。

上念　もちろん、そういうこともあるでしょうね。

韓国は、きちんと経済成長して、自国国民を養わなければならないのですが、財閥中心の既得権者が有利になる政策を取り続けてきました。一般市民にチャンスを渡さず、チャンスがなくて食うに困った者に対しては海外で働けという移民政策ですから、ひどい政府です。李氏朝鮮の頃と何も変わっていない。それが現在の韓国でしょう。

だから、私は2017年に韓国で行われた経済討論会に出席した際、経済政策は国民をハッピーにするために行うべきだと力説しました。これは韓国のワールドナレッジフォーラムという、サムスンがスポンサーのシンポジウムなのですが、浜田宏一先生の名代として私が出席し、アベノミクスについて説明したのです。

「アベノミクスは非常に単純な政策で、デフレ対策としてお金をたくさん刷ったのです。というのも、デフレというのは貨幣現象であって、市中のお金が足らなくなればデフレになるし、お金が余ってくればインフレになります。

当時の日本ではお金が不足していたから、毎年80兆円ずつお金を刷りました。それにより消費、投資が増えて、失業率が減りました。

経済政策というのは、本来、国民の幸福のためにやるものでしょう。では国民の幸福とは何かといえば、それは雇用です。失業率が低いほうが国民の幸福度は高いでしょう。そして日本では実際に失業率は減っているのだから、この政策は正しいのです」

おおよそ、以上のようなことを言ったら、会場から大きな拍手が起こりました。

韓国の経済政策は、これまで国民の幸福よりも、財閥の幸福のためのものでしたから。


ケント　だから、国民の財閥企業に対する嫌悪感がすごいですよね。ナッツリターン事件とか、財閥叩きがすごい。財閥はまさに韓国人の「恨《ハン》」のはけ口です。

とはいえ、文在寅にしても、財閥改革をできるかというと、どうでしょうか。韓国では10大財閥が国内総生産（GDP）の4分の3を占めるといわれていますし、その財閥のバックには外資がいるとなると、無理ではないでしょうか。

結局、朴槿恵も財閥と結託して、それで汚職疑惑で逮捕されましたし、歴代の韓国大統領はほとんど汚職疑惑で逮捕されたり失脚したり、ろくな末路になりません。

上念　そうですね。

だから、結局、大統領が変わっても、政策的には財閥優遇は変わっていないと思いますよ。

どの政権も、派手なパフォーマンスで財閥叩きはやりますけれども、本質的に韓国の経済政策は、財閥にとって最適な環境をつくるためのものでしかないですし、その財閥は外資に頼っているので、つまりは外資にとてもいい環境を提供しているということなんですね。

国民のために最適な温度はもう少し高めなのですが、財閥や外資用にかなり冷たくしている感じですね。もっと利下げをして、経済を加熱させるべきなのです。それだけ人も余っていますし、景気がよくなれば設備投資もさらに増えていくはずです。しかし、利下げによる一時的な為替ショックが韓国は怖いのです。

いろんなところで私は言っていますけれども、韓国の国内中にある慰安婦像を撤去して、日本に謝罪して「日韓通貨スワップをもう一度お願いします」と頼めば、おそらく韓国経済は救われると思います。

中国と通貨スワップ協定を結んでも、何のあてにもならないですからね。在韓米軍へのＴＨＡＡＤ（終末高高度防衛ミサイル）配備で韓国へさまざまな嫌がらせをしたことを見ても、いつ通貨スワップを反故《ほご》にするかわからない。日本は約束したことは守りますよね。

日韓合意にしても、一生懸命守ろうとしている。

自分たちにとって、誰がいちばんあてになるのかを、きちんと見るべきですよ。そちらへ目を向けずに、財閥にとって最適な温度を経済政策の主目的にしているので、国民は苦しむ。

そして苦しい者は海外へ出ていけと海外就労を勧める。もう、めちゃくちゃですよ。

ケント　アメリカは2015年時点で、在米の韓国系の人口は約182万2000人、日系アメリカ人が141万1000人だから、だいたい1・3倍です。

ただ、日本人は100年以上かけてこれだけの人数に増えたのに対して、韓国人はアメリカに移民しはじめてからまだ30年くらいしか経っていない。

上念　韓国系のほうが多いのですか。それは、完全に棄民政策ですね。国民を捨てているじゃないですか。

◎本当に消滅に向かっている韓国

ケント　私は、1980年代の半ば頃、仕事でよく韓国に行きましたが、当時、韓国人が家族でアメリカ旅行することは禁じられていました。家族で行ったら二度と帰ってこないからです。

それがしだいに緩和されて、アメリカにどんどん入ってくるようになった。

現在では、グリーンカードを取得して、なおかつアメリカで志願して軍隊に入隊する韓国人留学生が激増しているそうです。アメリカ軍には外国語および医療系兵士を補充するために外国人を募集するプログラムがあるのですが、これに選ばれると市民権が得られるとあって、韓国人留学生に非常に人気だといいます。

韓国に住んでいれば、どうせ兵役義務があるのだから、それなら将来的には韓国国籍を捨ててでも、アメリカの軍隊に入って、市民権を得たほうがいいというわけです。

上念　私が1980年代後半に留学していたときも、韓国からの留学生がけっこういました。アメリカの大学に行くことで、韓国での兵役を逃れる人たちばかりでしたね。

親のことを聞いてみると、けっこうな金持ちが多かった。金持ちの子弟は単身留学している者が多かったですが、そうでない家庭は親ごと移民して、クリーニング店などで生計を立てていたり。

いずれにしても、非常にハングリーだから、けっこういい大学に行っていましたよ。

ケント　ニューヨークの八百屋さんが一時期、ほとんど韓国系だったということもありましたね。

上念　いま、韓国のことを若者は「ヘル・コリア」つまり「地獄の韓国」と呼んで、海外脱出を夢見ています。しかし、働き盛りの人がどんどん海外に行ってしまったら、少子高齢化がますます悪化しますよね。

韓国の2017年の合計特殊出生率は1・05というひどい状況です。少子高齢化を「国難」としている日本ですら、1・43です。これはヤバイですね。

ケント　ソウルだけだと0・84だそうです。滅びゆく国ですよ。移民を入れたほうがいい。

ケント　しかし、韓国は日本よりも外国人に厳しい社会だと思いますけどね。

上念　差別が激しいですからね。

それにしても、日本のほうがまだマシですね。出生率も何とか1・43で踏みとどまっている。2005年が最悪で1・26まで下がりました。まさにデフレの余波です。

しかし、アベノミクスが始まった2012年以降は、合計特殊出生率は上昇傾向に転じています。とはいえ1・43ですから、それでも人口は減ってしまいますけれどね。

ケント　北朝鮮はどうなんですかね、人口は2500万人くらいですが。

上念　北朝鮮は共産圏なので統計はあてにならないですけれど、2015年の合計特殊出生率は1・97だそうです。

ケント　高いけれども、餓死者すら出るような国の平均寿命は短いし、社会を維持する段階にはとてもいっていないですね。

上念　北朝鮮ですら、少子化の傾向ですね。2・1以上ないとダメですから。

少子化対策については、一時、フランスが成功例としてもてはやされましたが、結局、うまくいきませんでした。

フランスは、婚姻制度も変えて、婚外子であっても多くの子供をもうけた者を税金面や補助金面で優遇して、とにかく子供を産んだ者が勝ち組になるような制度をつくったのですが、一時は出生率が2・0を超えたものの、2016年には1・92、17年は1・88と下がり続けており、結論的には失敗に終わっています。

そもそも、人口をコントロールしようという発想が、間違っているのかもしれない。

ケント　私がそれについて思っていることは二つあります。

一つは、都市化することによって出生率が下がるということ。大都会で生活することはすごく難しいんですよ。通勤時間が長いし、物価が高くて余計なお金がいろいろかかる。田舎に住んでいれば、5、6人子供がいてもべつに苦にならないんですよ。

もう一つは、私は、見えない力が動いていると思う。人間の数が増えすぎたことで、これ以上増えないように、大自然の力が働いている気がするのです。

上念　私も、人知を超えた何かが働いていると思ったほうがいいと考えています。たとえば、イランの合計特殊出生率はいくつだと思います？　1・68ですよ。それからギリシャ。世界でいちばん、年間のセックス回数が多い国として、毎年1位を獲得している同国ですが、そのギリシャの合計特殊出生率は1・3（2015年）で日本より下なのです。

そんなもう、毎日ヤっているような国なのに、なぜ出生率がこんなに低いのかという感じでしょう？

だからこれは、ケントさんのおっしゃるとおりで、大自然の摂理が働いている可能性があります。

ケント　フィリピンやインドネシア、ベトナムなど、東南アジアの国々はどうですか。

上念　フィリピンは2・94で高いですね。インドネシアも2・44。ところがベトナムは1・96、マレーシア1・93、タイ1・5で、もう人口減少モードに入っていますね。シンガポールは1・24です。

ケント　フィリピンはまだ、都市化が進んでないこともあるでしょうし、カトリックだから人工中絶が禁止されていることが影響していると思われます。

それに、フィリピンは、子供を育てるのが割と簡単なんですよ。というのも、村の大家族みんなで子育てしますから。

私の知り合いのフィリピン人が何人も日本に来ていて、近所にも住んでいますが、夏の間は子供が日本に来ているけど、学校が始まると子供だけをフィリピンに帰してしまう。大家族が面倒を見てくれますからね。

ウチの息子のメイドさんもフィリピン人で、子供もフィリピンにいるけれども、その子供は日本に来たこともない。向こうの家族で面倒を見てもらっているので、もうそれは安心できるといいます。そういう共同体があるなら、産んでもいいわけですよ。

しかし、同じフィリピン人でも、東京に住み着いてしまって、フィリピンに戻らないような人たちは、やはり東京で２人くらいしかつくらない。

上念　なるほど。逆にいえば、共同体が消えつつあるところほど、出生率は低くなる傾向があるということなのでしょうね。ましてや、韓国は若者の海外就労を奨励しているわけですから、今後、共同体の再生なども難しいでしょう。ひょっとすると、本当に国家消滅の危機にあるのかもしれません。

第5章

日本の繁栄を阻止する勢力との戦い

◎平和主義はプロパガンダである

ケント　第3章で、日本のマスコミに巣食う左翼活動家についての話がありました。

そうした左翼勢力は、もちろん日本共産党をはじめ社民党、立憲民主党らの護憲派勢力ともつながっていますが、彼らが日頃唱えているのが「平和主義」です。

しかし、この言葉はきわめて欺瞞《ぎまん》に満ちています。彼らのいう「平和」の定義がきわめて曖昧だからです。

本来であれば、自国や地域の「平和」を守るためには、それを乱そうとする他国への攻撃も覚悟しなくてはならない。警察官が殺人犯や強盗犯を捕まえるためであれば、暴力も辞さないのと同じことです。

ところが、日本の共産党や社民党、立憲民主党をはじめとする護憲派勢力が「平和主義」を唱えるとき、日本の平和を守るための戦争や、他国への攻撃というものは、いっさい排除されているのです。この事実は、戦力の不保持と交戦権を認めていない日本国憲法を「平和憲法」だと祭り上げ、戦力としての自衛隊を憲法の条文に明記しようという憲法第九条改正案に彼らが反対していることが、何よりの証拠です。

最近はこれらの護憲派勢力も、「日本にも個別的自衛権はある」ということは、いちおう認めるようなことを言っていますが、それでも、日本固有の領土である竹島や拉致被害者を奪還するために個別的自衛権を使っていいとは決して言わない。奪われた領土や国民を取り返す目的で、日本が個別的自衛権を行使することは、論理的には当然認められるはずです。

ところが、２０１７年に北朝鮮がミサイル発射実験を繰り返し、日本の上空や近海を脅かしていた際にも、野党は安全保障の議論などそっちのけで、「モリ・カケ問題」ばかりやっていました。彼らが日本の領土を守ろうとか、日本国民を守ろうと考えているとは思えない。この事実だけで国会議員失格です。

彼らが使う「平和主義」という言葉は、たんなる聞き心地のよいプロパガンダ用語でしかなく、その意味するところは「不戦主義」です。誰に何をされても戦わない、という意味です。彼らは、日本を永遠に不戦主義の国にしたいということなのです。

しかし、彼らの「不戦主義」が永世中立のことかといえば、これも違う。永世中立には強い軍事力が必要不可欠ですから。たとえば、スイスがそうです。

上念　ちなみにスイスは、国民皆兵制で徴兵制度があります。２０１２年段階で人口約８００万人に対して、予備役も含めると軍人が80万人もいるそうです。国民の約10％です。

自衛隊が22万人で、いちおう、自衛隊にも予備自衛官が３万５０００人ほどいますが、これを合わせても25万人程度。スイスには、人口比からして、ものすごい数の軍人がいることになります。

ケント　要するに、スイスの場合は他国を侵略しないけれども、自国が攻撃されたら徹底的に戦うという「武装中立」なんです。だから、ヒトラー率いるナチスドイツですら、侵略するメリットよりデメリットのほうが大きいから、スイスには手も足も出せなかった。

しかし戦後の左翼、とりわけ日本社会党は「非武装中立」を主張してきました。これはたんなるファンタジーであって、歴史上それを成功させた国を聞いたことがありません。

一方、日本共産党は自衛隊を違憲としながらも、いずれ「共産軍」の創設と暴力革命を目指していましたから、軍備は否定してきませんでした。

ただし、日本共産党は戦時中、アメリカのコミンテルンと共謀して日米両国を戦わせ、自らの革命を実現しようと画策しました。彼らが唱えた戦争反対は、「ソ連や中国との戦争に反対」であって、アメリカとは大いに戦えと思っていたわけです。戦後もその姿勢は同じで、現在は「対中国の戦争抑止力を高められる日本の防衛力強化には反対」という立場です。

結局、左翼陣営は現在の日本に対して、とにかく戦力をもたせない、戦わせないことが第一義になっている。これはすごく危ない利敵行為ですよ。

尖閣諸島が竹島のように略取される危険性は低くありません。さらに、沖縄や北海道などが実質的に他国の支配下に入れば、日本という世界最古の国が分裂・滅亡しかねない。現実的に、そうした危険性が目の前にあるのに、左翼陣営はまともにその現実を見ようとも論じようともしない。まあ、わざとである可能性も高いわけですが。

私が「日本の左翼はリベラルではない」とよく言うのは、アメリカやヨーロッパでは、保守にしろリベラルにしろ、きわめて強い愛国心や国防意識をもっているからです。「正義の戦争」を信じているし、だからこそ国を守る軍人を侮辱するような言動に対しては、リベラル派であっても激しく怒ります。

しかし、日本の左翼は「愛国心」に嫌悪感を抱いていて、安全保障問題の解決策とは、交戦権を否定した憲法第九条を守ることだと考えている。それが結果的に「利敵行為」であり、「自ら戦争を呼び込む行為」であるという現実は無視します。

日米安全保障条約で、いちおう、日本が攻撃された場合はアメリカが日本を守るようなかたちになっていますが、「憲法第九条があるから日本は敵地で戦えないけど、アメリカの若者は敵地で血を流してくれ」などと、いつまでも言っていられないですよ。

それと、拉致問題にしても、イスラエルのように特殊部隊が奪還作戦で連れて帰ってくるようなことまで実際にやらなくても、日本にもその能力と意志があるということを見せつければ、相手が交渉に応じるのです。現実問題として、いま現在、日本人は一歩でも日本から出てしまえば、日本政府はその人を守ることができない状態なんです。これは主権国家として恥ずべき状態です。

さらに言うなら、国の名誉も、中国と韓国、北朝鮮に平気で傷つけられている。慰安婦問題、南京大虐殺、朝鮮併合時代の政策に関して、いいように世界的にプロパガンダを広められている。政府や外務省は、まともな反論すら怠ってきたわけです。

そして、同盟国からは「タダノリ」といわれる。だから、トランプ氏は最初、日本に対して「在日米軍の軍事費をもっと出せ」と言っていた。しかし、安倍首相が説明したら、ほとんど日本が支払っていることがわかったので、もう言わなくなりましたが、発言の本当の趣旨は「お金の問題」ではないのです。

トランプ大統領は、日本がアメリカ依存から自立して、同等のパートナーとしてアジアの安定のために活躍することを期待しているわけですよ。だから、「アメリカは尖閣諸島を守りますか?」と聞かれると、トランプ大統領は「アメリカはしっかり日本の後ろについている」と答えた。「後ろに」です。「先頭を切ってやる気はない」という意味です。

要は、「日本がやるなら一緒にやろう」ということです。そういう時代になったんですよ。焼け野原から、これだけ金持ちになった国が、永遠にアメリカに〝番犬〟の役をやってもらうのはもう無理だということです。吉田茂の構想を維持できる時代は終わりました。

上念　アメリカとの連携という点で考えると、最大のポイントは海軍ですよね。海上自衛隊とアメリカ海軍の連携は非常に親密になっていて、共通の弾薬や共通の情報システムを使ってやっています。

日本のような国は、敵が上陸してきたら終わりじゃないですか。田原総一朗氏などは、「敵が攻めてきたときに銃を取って戦うのか」みたいな話をしますが、いや、敵が上陸してくる状態だと終わりですよ、なんでいきなり本土決戦なんですか？　と。本土決戦になるような状態になっている時点で、もう負けなんです。

日本の排他的経済水域（ＥＥＺ）の外側あたりで撃退するくらいの海軍力をもたないと、日本は基本的には勝てない。

イスラエルなども同じ発想ですよ。イスラエルは細長い国なので、国境線を突破されて分断されたらもう終わりですから。彼らの専守防衛というのは、国境の外側で敵の軍隊を撃破するということなのです。

日本もまったく同じ発想にならなきゃいけないんですよね。

かつて陸上自衛隊は北海道で旧ソ連軍と戦車戦をするといったことを考えていましたが、いまはだいぶ時代が変わって、水陸機動団という新しい部隊を発足させましたよね。

あれは中国との戦いを想定して、敵の艦船が第１列島線を突破しようとしたときに、地対艦ミサイルなどで攻撃する日本版Ａ２ＡＤ（接近阻止・領域拒否）を想定しています。

東シナ海から中国の海軍を出さないようにしているあいだに、アメリカ軍が反撃するという戦略でやっているんですよね。

アメリカのランド研究所なども、この戦略をアメリカ陸軍も見習ったほうがいいと書いています。このような日米の協力はとても大事なんですよ。

ところが、問題は日本の財政なんです。財務省が緊縮的な財政を強いるために、自衛隊の後方装備が非常に脆弱《ぜいじゃく》になっている。

防衛問題研究家の桜林美佐氏が言っていますけれど、ヘリの部品なんかも「共食い整備」、つまり、複数の別のヘリから部品を調達することが行われています。最近、佐賀で自衛隊のヘリが落ちましたが、あれも予算がなくて、あまり整備ができなくなっているのが背景にあるのではないかといわれているんですよ。

だから、最新鋭の正面装備にお金をかけるのはいいのですが、後方がおろそかになれば意味がない。自衛隊員はトイレットペーパーが自腹だとか、転勤で引っ越しするときも引っ越し代は全額出ないとか、いろいろな問題があります。軍隊を維持するのにはすごいお金がかかるわけです。

とはいえ、日本の防衛費はGDPのたった1％（2018年度予算案で約5兆2000億円）です。だから、その2倍の10兆円くらいまでは、しっかりやったほうがいいと思います。それがダメでも1・5倍くらいはできるでしょう、最低でも。

ケント　防衛費は絶対に増やしたほうがいいです。

いまの海軍の話ですが、第２次世界大戦が終わってから、アメリカがどうしてもドイツと日本と同盟国になる必要があったのは、ソ連の台頭があり、日本とドイツの両国をその防波堤にするためでした。

アメリカにとってイギリスが同盟国であったとしても、イギリスの海軍力はとうてい極東まではおよばない。だから、海を完全に制覇するためには、東アジアの太平洋側に位置する日本と手を組む必要がある。ヨーロッパにおいても同様に、イギリスだけでは足りずに、ドイツの陸軍が重要になると思ったわけです。

１９４２年頃、すでに将来の日米同盟の重要性を唱えていたニコラス・スパイクマンという、オランダ系アメリカ人の政治学・地政学の学者がアメリカにいました。

地政学的にいえば、太平洋と大西洋に挟まれたアメリカは、「海」によって領土を守られてきました。ところが、航空機と潜水艦の技術的発展によって、「海」という地理的条件による守りだけでは不十分になったのです。たしかに昔は「緩衝地帯」でしたが、逆にスパイクマンは、海のことを「高速道路」になったと考えていました。

かつてアメリカが日本やドイツと戦ったのは、もしドイツがヨーロッパを占領し、日本がアジアを占領してしまえば、アメリカは太平洋と大西洋の両側から、安全保障上の脅威に晒《さら》されると考えたからです。しかし、アメリカが日本とドイツを一度叩いたうえで、その後に同盟を結ぶことができれば、自国の安全保障上の脅威は大幅に減少します。

大英帝国の全盛期ならともかく、アメリカ一国の海軍力だけでは太平洋と大西洋の二つの「海」の守りをカバーすることはできません。そこで、どうしても日本との同盟関係が不可欠となります。要するに、いま日本国内に米軍基地があるのは、アメリカ自身の「戦略」からです。

当時は日本とアメリカが激しく戦っている真っ最中であり、スパイクマンの意見は当然、激しい非難を浴びました。彼は戦時中に49歳の若さで、がんで亡くなります。しかし結局は、彼が言うとおり、戦後、日本とアメリカは同盟関係を結ぶことになるわけです。

そうした理由で日米同盟を結んだ部分もあるわけですから、アメリカとしても日本には、それに応えてちゃんと活躍してほしいのです。

いつまでたってもそれをしない、できるのにやらない不戦主義の日本を、なぜわざわざ守らなければいけないのかというのが、多くのアメリカ人の正直な気持ちでしょう。

◎いい加減に自衛隊は合憲と認めろ

上念　だいたい、戦争ではない状態はみんな平和なのかという話ですよね。

現在は戦争といっても、直接撃ち合うだけじゃないですからね。サイバー戦争はもうやっていますし。

アメリカやカナダの在キューバ大使館員が、脳に障害が出るような音響攻撃を受けたという話がありますが、本当なら、これも戦争だといえば戦争ですね。

ケント　そもそも「平和」というのは法的な概念ではないし、定義もありません。「幸福」と同じで、その人の主観だけで決まるんですよ。

ですが、プロバガンダを広める人たちは「平和」という言葉の聞こえがいいので、どんどん使う。「平和憲法」などといいますが、拉致問題も解決できず、竹島は韓国に占領され、中国がしきりに尖閣諸島を狙っている状態で、どうして日本を平和だといえるのか。左翼が「平和憲法」と呼んでも、何も効果を発揮していないから説得力ゼロです。最初はたしかに「アメリカのための平和憲法」として有効でしたが、いまやその役割も果たせなくなりました。

上念　以前、篠田英朗先生の『ほんとうの憲法――戦後日本憲法学批判』（ちくま新書）を読みました。日本が戦争に負けたあと憲法を改正するわけですが、それまでの憲法はプロイセン型の憲法だったわけです。

いや、プロイセン型ではなく、英米法だという人もいるんですけど、正確に言えば成文法としてはドイツ法的な外観をしつつも、運用としては、英米法的な解釈でやっていた。もともと、日本はイギリスのような立憲君主制と近く、戦前も選挙制度はあったため、英米法でいきたかったのですが、イギリスが不文法だったり、アメリカは合衆国という独特な体制であったりしたため、参考になるものがなくて、仕方なくプロイセンの憲法を入れたわけです。とはいえ、運用を英米法ふうにやって、うまくいっていたんですよ。

プロイセン的、ドイツ国法学的な解釈では、国家は一つの生命体みたいなもので国権の発動たる戦争などの基本権がある。これを国家法人説といいます。国家は人と同じなので、関税自主権や交戦権などの基本権があるという考え方です。

それに対して英米法というのは、これはケントさんの専門だと思うのですが、全部社会契約なんですよ。国家は法人でもなんでもなくて、ただの契約なので、国民が納得すればいかようにも形成することが可能なわけです。

当時の日本でも、それはわかっていて、美濃部達吉の「天皇機関説」というのは、まさに英米法的なイギリス的な立憲君主制による国家の運営を可能にする解釈でした。

ところが、大正時代半ばから国体明徴運動が起こり、「天皇は万世一系で、その日本の支配者だって憲法に書いてあるんだから、天皇親政が本来の姿だろう」という極右の攻撃があったんですよね。それに美濃部らは負けてしまい、結果的に極右の暴走を招いたわけです。

その暴走の末に、戦争に負けて、もうやはりドイツ国法学的解釈はダメだから、英米法にしようということになり、日本国憲法を英米法ふうに書いたわけです。

ところが、宮澤俊義という「マッド憲法学者」が、その英米法の基準で書かれた憲法を無理やりドイツ国法学ふうに読むという、不思議な〝東大憲法学〟というものを始めてしまったんですよ。これが悲劇の始まりなのです。

篠田氏曰く、普通に英米法として読めば、現行憲法は何の矛盾もないし、自衛隊も違憲ではないということになる。

というのも、第2次世界大戦が終わった時点で、国連憲章で戦争は禁止となったわけです。

「今度、現状を破ろうとする国は、戦争禁止で合意している国連の力でやっつけますよ」というのが、アメリカのつくった戦後の国際秩序でした。

日本国憲法前文には、「われらは、平和を維持し、専制と隷従、圧迫と偏狭を地上から永遠に除去しようと努めてゐる国際社会において、名誉ある地位を占めたいと思ふ」とありますが、ここに書かれている「国際社会」とは、アメリカ中心の国際社会です。そのなかで「名誉ある地位を占めたい」と書いてあるので、そういう意味でいうと国権の発動たる戦争をする軍隊はいらないのです。

それで、国際社会が助けてくれるなら、軍隊をもたなくていい、非武装でいいんですけれど、実際には国連が軍隊を編成して助けにくるまで時間がかかる。その間《かん》、もちこたえなければ、国民の生命も人権も危機に陥る。

だから、国連軍などが来るまでのあいだもちこたえる戦力が必要になるけれど、これがまさに自衛力なんですね。その自衛力をもつことは何も問題がないし、だから自衛隊があるわけで、全然、憲法上矛盾していないんですよ。

ところが、ドイツ国法学の字面どおりに解釈する憲法学をもちこんでしまったために、「国家の基本権たる交戦権が云々」という不毛な論争が始まりました。それを放棄しているんだから、集団的な自衛権はダメだけど個別的自衛権ならいいといった、意味不明な神学論争もこの延長線上にあります。

その影響があまりにも大きくて、みんながそれに染まっているので、仕方なく安倍首相が、「じゃあ、〝自衛隊だけは合憲です〟とひと言書かせてください」と言っているだけなんですよ、憲法改正というのは。その何が問題なのか、という話です。

本来、英米法的な解釈であれば、それすらも書く必要はないのですが、あまりにもトンデモ解釈がまかり通っているから、きちんと明記しておきましょうということなんですね。

憲法改正といっても、そんなに大それたことをするわけじゃなくて、本来の憲法の精神である「国際秩序のなかで名誉ある地位を占めましょう」ということであり、その国際秩序とはアメリカを中心とする、いわゆる戦後秩序です。

それを現状維持する。「これ以上の国境線の変更を許さない」「現状の秩序を守ろう」というだけの話なんですよ。

そのなかで名誉ある地位を占めたいというのだから、ケントさんがおっしゃったように、日本はいままで過小な負担しかしてこなかったけれど、もうちょっと応分な負担が必要となる。

そのためには憲法をちゃんと解釈しなければいけないので、憲法を改正したほうがいい。変な解釈で「自衛隊は違憲だ」とか言う人たちがいるわけですから。

何をどう考えても合憲だけれども、いちおう、合憲だと書いておくね、ということなのです。しかし、改正反対派によれば、そのひと言を加えると、いきなり侵略戦争が起こったり、お父さんが徴兵制で戦場に送られたりすることになる。意味がわからないですよ、

ケント　ああいうのは全部プロパガンダですよ。
憲法改正に反対している人たちは、全然わかっていない。現実を見ようとしない。無責任極まりない態度なんだけど、本人たちにその自覚がないから困ったものです。

上念　このように、第２次世界大戦後は戦争が禁止されたわけですが、世界に二つだけ、

憲法で戦争してもいいと書いてある国があるんですよ。それが中国と北朝鮮です。中国は、台湾は自分の国なので、あそこは戦争しても戦争にならないというむちゃくちゃな解釈ですよね。北朝鮮も、南北統一で韓国を侵略してもいいということが憲法に謳《うた》われているはずです。この2カ国は国際秩序に反しているという点で、非常に危ない国なんですよ。

◎日本人はなぜ国連を崇拝するのか

ケント　ところで、日本人はなぜ国連をそんなに崇拝するんでしょうかね？　それも戦後の洗脳なのでしょうか。

上念　日本国憲法のなかで想定しているのが、これまで述べたように、国連によりもたらされるアメリカを中心とした国際秩序ですからね。でも、結果的には国連安全保障理事会（安保理）が機能不全になって、アメリカが有志連合とか、多国籍軍とかをやるしかなくなっているというのが現状ですよね。国連が本来もつべき役割を、いまアメリカが代行しているみたいな感じですよね、〝世界の警察官〟として。

ケント　国連軍というのは、いまからつくろうと思っても間に合わないのではなくて、無理です。絶対にできないです。

平和維持軍（ＰＫＯ）は可能ですが、戦争するための国連の軍隊は絶対につくれない。戦争状態がちょっと落ち着いたところで、初めて国連があいだに入って、戦いが再発しないように守るわけで、実際の軍隊としてどこかの武力紛争に国連軍を投入し、戦闘をさせるというのは無理です。だいいち、指揮権は誰がもつのかという問題もある。

多くのアメリカ人は、国連に少しでも国家主権を委ねることはいけないことだと思っています。アメリカ的に考えて、国連は自分たちが利用するために存在するもので、利用する価値があるときには利用するけど、利用する価値がないときは無視すべき存在なのです。

たとえば、国連本部の建物の中で北朝鮮側の代表団と会うとかね、そういうふうに利用するだけで、国連自体が主体的に何かをすることは、最初から期待していません。

上念　朝鮮戦争では、いちおう、国連軍が戦ったということになっていますが、あれはたまたま、拒否権をもっているソ連（当時）が安保理を欠席したために決まったことで、それ以降は全部、安保理決議に基づいてアメリカ軍が中心になっていろいろなことをやることになったわけです。

ケント　そうです。ソ連がすごい大失敗をしてくれたから国連軍が実現しました。

上念　そういう意味でいうと、日本国憲法が謳い、想定している「国際社会」や「国際秩序」は、本来は国連なのですが、実際には国連が機能不全であるため、現状のプラクティスを見るかぎり、「アメリカを中心とする世界秩序」という見方でいいわけじゃないですか。

だから左翼のみなさんは「国連、国連」といって、中国やロシアを巻き込もうとしますが、現状はアメリカを中心とするいわゆる自由主義世界の国際秩序というのがメインなんです。

別の言い方をすれば、「アメリカを中心とする安全保障アーキテクチャー」ですが、そのなかで日本は名誉ある地位を占めればいいんです。

実際に日本の米軍基地は、アメリカの戦略上、非常に重要なポジションにあって、「第七艦隊は日本を守るためにあるのではない」と言うと、みんなギョッとするんですけど、それはそうなんですよ。あれは戦力投射するための強力な抑止力であり、外征軍なのです。

それで、日本の本土はまずは日本で守ってね、ということです。当然、敵国が攻めてきたら、自衛隊がもちこたえている間にその外征軍が相手を攻撃する。

たとえば、尖閣を攻撃されて海上自衛隊、陸上自衛隊、航空自衛隊が全力で守っているあいだにアメリカは何を準備するかというと、上海空爆であり、北京空爆なんです。そこを守っているあいだにアメリカが敵国を攻撃するというのが抑止力になっているわけですよね。実際に上海空爆をされたら、習近平政権は内乱で瓦解《がかい》してしまうでしょう。

あの国はもし、北京が空爆されるようなことがあったなら、中華皇帝はみんなから、「こいつは本物じゃない偽物だ」と言われ、引きずり降ろされてしまう。だから、そんなことは怖くてできない。

国際秩序＝国連とすると、機能不全のものに助けを求めることになりますが、現実は、国際秩序というのは、ほぼほぼイコール国連ではなくて、ほぼほぼイコールアメリカを中心とする国際社会なんですね。

そういうプラクティスから憲法解釈が生まれるというのが、まさに英米法なんです。

これに対してドイツ国法学というのは、国家を人に見立て、その基本権が云々という観念論がメインです。だから、ドイツは戦争に負けるんですよ。

ケント　ですが、日本の左翼メディアは、日本がアメリカにさまざまな意味で助けてもらっている現実を認めたがらないですよね。

安倍首相がトランプ大統領と会って仲良くしていることを批判するなど、完全に親中反米で、中国にすり寄っている。アメリカから中国に乗り換えたほうがいいという世論を形成しようとしてきました。最近のNHKの歴史番組を見ていると、そのような画策が以前よりも露骨になっています。

上念　それはだから、向こう側のスパイが潜り込んでいるのでしょう。

北朝鮮から協力者リストが出てくれば答えが出ますよ。

アメリカでも、ずっと、こいつはスパイなんじゃないかと言われていた人物が、1995年の「ヴェノナ文書」の開示によって、「やっぱりスパイだった」となりましたよね。ルーズベルト大統領の側近だったアルジャー・ヒスやハリー・ホワイト財務次官補、ロークリン・カリー大統領補佐官とか、全部スパイだったじゃないですか。

だから日本も「ヴェノナリスト」ならぬ「ピョンヤンリスト」が出れば、すべてわかるんじゃないですか?

ケント　いいですね、「ピョンヤンリスト」。だけどそれが出てくるときは、北朝鮮の現体制が倒れたときですかね。

上念　かもしれませんね。

リビアのカダフィも、国民の怒りで政府が転覆されて、殺害されましたよね。

ケント　そう、あれはアメリカが仕掛けたものではない。

上念　そうですね。あれはカダフィが国民に恨まれすぎたのが原因ですよね。２００３年に核放棄することで米英などから援助を得て、そのお金で国民を弾圧しまくって恨みを買い、11年に殺害されたわけです。

でも１９６９年から権力の座にあったわけですから、それくらいの恨みは買いますよね。しかもずっと独裁していたわけでしょう？　反対派と見るやみんな投獄したり、現在のシリアのアサドみたいなことをやっていたりしたわけですよね。アサドはまだしぶとく生きていますが。

ロシアは、あんな非人道的な政権をいまだに応援しているわけです。外交というのは、そんなものですけれど。

◎「ピョンヤンリスト」で反日スパイを炙り出せ

ケント　「ピョンヤンリスト」には、きっと、「モリ・カケ問題」を倒閣運動に利用してきたジャーナリストや野党の議員先生も入っているのでしょうね。
　ところで、モリ・カケ問題が世の中に出てから、約1年半が過ぎた2018年6月の通常国会でも、相も変わらず野党は「モリ・カケ」でしたね。さすがにワイドショーでは見かけなくなりましたが。
　そして、いよいよ私たちのもとにも、「週刊文春」からモリ・カケ取材の依頼がきました。

上念　われわれ、加計学園の客員教授に就任しましたから。

ケント　私は最初、無視しようかと考えたのですけど、上念さんが見事な回答をしました。読ませてもらいましたが、傑作です。あれを読めば、加計学園問題のすべてがわかります。反論のしようがない。一部を引用して、私も自分の答えとして送りました。その後、「週刊文春」の企画自体がどこかへいってしまいましたね。結局、取材にも来ませんでした。

上念　残念ながらお蔵入りとなってしまいましたが、せっかくなので、回答をここで公開しましょう。

Q　客員教授になられた経緯を教えてください。

A　先方から最初に講演のオファーをいただきました。
マスコミに濡れ衣を着せられ、また風評被害で大変可哀そうな目にあっている、少しでも助けになればという思いでお受けしました。

その後、この講演で職員が大変勇気づけられたとのことで、できれば客員教授に就任していただきたいとのオファーがありました。

私は断る理由はありませんので受けました。

なお、獣医学部設置プロセスについては、法律上まったく問題はありません。

安倍総理の関与があるとしたら、あくまで特区制度のプロセスにおいてということになります。

理由は以下のとおりです。


今回、岡山理科大学が獣医学部を新設希望した愛媛県今治市は、平成28（2016）年1月、認可申請できないという異常な事態を、認可申請できるという普通の状態にする国家戦略特区に指定されました。

同じく国家戦略特区に指定された京都府も、京都産業大学に獣医学部を新設の申請をすることを目指していました。そしてこの年の11月、国家戦略特区の諮問会議で獣医学部の新設の申請が52年ぶりに認められ、平成29（２０１７）年1月、今治市が事業者を公募したところ、京都産業大学は準備不足で断念。加計学園だけが名乗りをあげ、今治市で新設の申請をする方針が決まりました。

実際の認可は、文科省において検討され、新設が決まったのは文科省の認可が出た11月でした。この認可作業は、文科省関係者のみが関わっています。

（出典）http://gendai.ismedia.jp/articles/-/55655

Q　上念さんは朝日新聞を批判されておられます。加計学園の図書館から朝日新聞がなくなっているとの話もありますが、何か助言などされたのでしょうか？

A　私から加計学園に何かお願いしたり、助言したことはありません。

以上、終了。だって、本当にそうなんだから。

ケント　非常にわかりやすいですよね。巷間伝わるフェイクニュースでは、安倍さんと加計さんが友達なので、その加計学園グループの岡山理科大学だけに獣医学部の新設の認可を出したといっているんですけど、その岡山理科大学の獣医学部新設のプロセスについての議事録とかを全部見てみると、そもそも応募者が岡山理科大学しかなかった。

いちおう2校あったようにいわれている京都産業大学については、締め切り半年前に駆け込みで申請にきたんだけど、結果的には準備が間に合わないので「やめます」と辞退しているんですよね。

上念　そうです。だから結局、１校しか残っていないし、しかもその加計学園は、獣医学部をつくろうといってから、実際につくるまでに15年間ずっと列に並んで待っていたわけですよ。

これは、霞が関の理論でいうところの「申請の熟度」というもので、最初に認可を受けるのは当たり前なのです。規制緩和はコンペではないので。

これを勘違いしている人が多くて、規制緩和をコンペだと思っているんですよ。そうではなくて、申請の熟度で決まります。これは行政のプラクティスなので、変えられないのです。逆にこれを変えたら、「何で変えたんだ?」ということになる。獣医師会から国民民主党の玉木雄一郎氏への献金が効いたのかということになってしまうのですよ、逆にいうと。

なおかつ、自民党の石破茂氏などが献金をもらって獣医師会から「新設は頼むから1校にしてくれ」と依頼されたこともあって、そこに政治的な妥協があり、それで決まったわけでしょう。

ケント だから、プロセスを見てもえこひいきによって選ばれたということは何もないわけですよ。本当にえこひいきで、3校、4校が並んでいるのに、「はい、加計さん友達だから、あなた最優先で」となったのなら問題でしょうけれど、そもそもほかに並んでなかったわけだから。

上念 もともと新潟が特区提案していたのですが、あまりにも認可が下りないので、「ダメだ」といって外れたんですよ。それはなぜかというと、文科省が長いあいだ、申請を門前払いしていたからです。

これは憲法にも法律にも違反しているからやめたほうがいいといわれていたのですが、

文科省の前川喜平氏みたいな事務次官が拒否していたわけです。それで国家戦略特区でやることになったのですが、いちおう事業を規制しているからには、文科省がなぜ規制が必要なのか理由を証明しないといけないのです。

ところがその資料を出せといっても、文科省はバカで、微分方程式を書いて需要予測が証明できなかった。だから、「農水省さんから出してもらえれば、われわれは言えます」と、訳のわからないことを言って。

それで「文科省が証明できないので、この規制は存在してはいけないことになりました」ということで規制を取り払い、申請ができるということになったら、最初に加計学園が手をあげて申請して、文科省がそれを審査して認可したわけです。

これのどこに安倍首相が関与しているのか、という話ですね。

ケント　全然入っていませんよね。

ところで、文春記者の私への質問は「加計学園で何を教えるのですか？」でした。「いま、協議中です」と回答しましたが、何の返事もありませんでしたよ。

上念　ケントさんは、「アメリカ憲法」を教えてみてはどうですか。敵国の歴史を知ることも必要ですが、同盟国の歴史を知るのもとても大事なことです。むしろなぜないのかが不思議なくらいです。日本はアメリカの歴史も教えていないし、自国の歴史すらまともに教えていませんしね。

ケント　そういう実《じつ》のある授業をやってみたいですね。

加計学園問題に関しては、これでもう完全に終わりだと思います。仮に加計孝太郎氏が安倍総理に獣医学部申請認可をプッシュするようにお願いしたとしても、金銭の授受を指摘する人は一人もいないのですから。

社会において、政治家に何かを陳情するということは、ごく普通にあることです。私にも経験があります。会社の新しい事業を申請をするとき、担当省庁が四つにまたがり、にっちもさっちもいかない状態になってしまいました。

これでは埒《らち》があかないからと、株主と親交のあった元総理大臣にお願いしてみました。すると、それぞれの課長を集めて、「おい、おまえら、何やってるんだ。早くやれよ」とひと言、尻を叩いて終わり。

その後、四つの部署が二つになり、さらに二つが一つになって、ようやく動き出したのです。

それで、政治家にいくら払ったかといえば、毎年2万円のパーティに行くだけ。要するに、政治家にお願いするというのは、そういうことなのです。たまたま加計氏が安倍総理の友達だからといって、陳情することの何が悪いのか、さっぱりわからない。しかも今回は、加計氏が安倍総理に陳情したという事実すら存在しない。すべてが憶測から始まっている。

上念　そもそも頼んでもいないし、第1次安倍政権のときにも、加計学園は構造改革特区の申請をして、門前払いを食らっているんですよ。

ケント　加計学園の幹部が、２０１５年4月に首相官邸で柳瀬唯夫元首相秘書官に面会したというのも、ちっとも悪いことではありません。

政治家に何も相談できないというのであれば、いったいわれわれは何なのですか。それこそが「国民不在の政治」ではないですか。

責められるべきは、獣医学部新設のために真面目に動いていた加計学園ではなく、むしろ獣医師会から献金をもらって新設の邪魔をしていた国会議員たちでしょう。

上念　そうですよね。石破茂氏や玉木雄一郎氏は、それぞれ獣医師会から１００万円の献金を受け取っています。こちらのほうがよっぽど問題です。

ケント　ですから、加計学園の話はそれで終わりなんです。にもかかわらず、大阪北部で震度6弱の地震があった翌日も国会でモリ・カケをやっている野党は、ハッキリいってバカですよ。

ついでに森友学園問題にもふれておきますが、あの土地はとても訳ありだったので、最終的に8億円の割引きをして処分したというだけのことです。

もし、あなたの店の在庫に訳あり製品が眠っているとしたら、どうしますか？　値引きをして売り払うでしょう。その値引き額が適正だったかどうかは、同様に処分した隣の野田中央公園と比較してみてください。

豊中市への売却価格は表向き約14億2000万円ですが、14億円もの補助金や交付金が投入され、実質2000万円で払い下げられています。そして、その決定がなされたのは民主党政権時代です。

対する森友学園への値引き後の売却価格は約1億3000万円です。これを見れば、逆に籠池泰典氏が財務省近畿財務局に騙されたような気さえしてきます。

上念　この問題を、野党はいつまでやるのでしょうか。モリ・カケに明け暮れるあいだに自分たちの支持率は下がるし、肝心の内閣支持率も回復してしまいました。

2018年7月に発表されたNHKの世論調査では、安倍内閣の支持率は44％、自民党の政党支持率は38・１％です。これを青木率（アオキレシオ）に当てはめると82・１％で、安倍政権はほぼ安定圏内です。

ちなみに青木率とは、「参院のドン」と呼ばれていた自民党の青木幹雄元参議院議員が政権の安定度をはかる目安として経験則から考案した法則で、内閣支持率と政党支持率を足した数字が50を下まわると、政権を維持できないとされています。

ケント　野党はどうですか？　ＮＨＫ世論調査の政党支持率を全部合わせても12・１％しかありませんよね。

上念　２０１９年夏に参議院選挙がありますが、野党は立憲民主党、国民民主党、共産党とのあいだで、１人区の候補者調整すらできていない状態です。もともと民進党だったところが二つに割れて、さらに揉めているのですから、これで選挙に勝てるわけがありません。

しかもやっていることはお互いにモリ・カケです。あれは本当にバカのリトマス試験紙ですね。あんなことをいまだにやっている政党は、絶対にダメになりますよ。「視聴者の会」の調査でもはっきりしていますが、モリ・カケ問題に引っかかっているのはテレビをよく視聴する層の人たちです。とりわけ女性の高齢者がいちばん多くて、次いで女性全般と男性高齢者です。それ以外の層は、ほとんど引っかかっていないのです。

ケント　私も心当たりがあります。２０１８年6月に「ニュース女子」に出演したときのことですが、モリ・カケについてそこにいた女子が変なことを言うので、「あなたは洗脳されている！」と指摘すると、彼女はとてもショックを受けていました。

森友問題について、これだけはぜひ理解してほしいのですが、あれはきわめて規模の小さいものです。普通、政府の腐敗というと、最低でも１００億円とか、１０００億円単位ですが、たった8億円の値引きで大騒ぎしている。

しかも、政治家が贈収賄に引っかかったという証拠は何もない。

加計問題についても、金銭授受はまったくないし、首相の関与すら証拠がない。「証拠がない」という言葉は、法的には「事実がない」と同じ意味です。

上念　ロシアのプーチン大統領がもらっている賄賂なんて半端ないですから。ちなみにプーチン大統領の資産は、２０００億ドルといわれています。日本円にして約20兆円です。

2年前に、ロシアの反汚職活動家のアレクセイ・ナワルニー氏がメドヴェージェフ前大統領の大豪邸をドローンで撮影した映像を公開して問題になりましたが、あんなものとは比べものにならない、ジョージ・ソロス氏もびっくりの宮殿に住んでいるといわれています。

その金はいったいどこからきたのか。ロシアの新興財閥「オリガルヒ」からもらっているのでしょうけど、日本のメディアも野党も少しはプーチン大統領のような、もっとスケールの大きい腐敗を追究していただきたいものです。

ケント　財務省が森友問題で公文書を書き換えていた事件があり、森友問題が再び盛り上がりましたが、検察は前国税庁長官の佐川宣寿氏を起訴しなかったから、あれももう終わりですよね。

上念　野党があまりにもクレーマー化しているから、もう面倒くさいから隠しちゃおうみたいになったわけですよね。もともと近畿財務局は、国会答弁書を書く機会など、1年に1回あるかどうかの部署なわけですよ。そこに質問が集中してパニックになったということがあったわけですね。だからといって隠蔽《いんぺい》はいけないですが。

本当は野党は、この隠蔽問題によって、財務省解体に動くべきなんです。ところが、安倍総理の関与とか、昭恵夫人を証人喚問しろだとか、トンチンカンなことをやって、肝心な消費税増税を止められないじゃないですか。

むしろ「増税したほうがいい」とか言っていますからね、野党はね。

ケント　野党は消費税増税反対ではないのですか？　賛成しているの？

上念　いちおう、立憲民主党はかたちだけは反対しますが、経済政策はデフレ促進政策ですよ。明確に反対しているのは、共産党くらいじゃないですか。国民民主党はちょっとわからないですけれど。

ケント　とにかく野党の議員に対しては、こんな小さいことで18日も国会を欠席して、自分たちがどれだけ国益を損なっているか自覚してほしいですよ。国会の閉会中審査や会期延長の費用だけでも、森友学園のために不当に値引きしたと彼らが主張する8億円どころじゃない税金が無駄に遣われていますよ。

彼らは結局、何をやりたいんですかね。政治家としてやりたいことがあるのでしょうか。

上念　ないのでしょうね。

いみじくも立憲民主党の枝野代表が現在の政治状況を「新・55年体制だ」と述べましたが、55年体制というのは、国会の議席が自民党2：社会党1、つまり3分の2を自民党に取られている状態で、なにもできない社会党ができもしない夢みたいな政策をワーワー言って国民のガス抜きをしていた時代のことですよ。いまは、２対１どころか、社会党的な野党はその半分です。だから、５対１みたいになっている。

それで、「新・55年体制」ということは、要は野党的な地位に安住して、政権獲得を目指さないということですよ。政権獲得を目指さない野党ほど楽なものはないですよね。適当なことを言ってもどうせ政策なんて実現しないんですから。

国民受けする机上の空論だけ言っていればいいので、何がやりたいとかではないと思いますよ。

ケント　でもそれでは、民主主義に必要な野党にならないと思うんです。

野党議員であっても、政治家である以上、何か信念があってそれを進めようとする、そういう意欲がないとダメです。自民党が出す法案や政策に反対するのならば、理由を明らかにして代案を出すことが仕事ですが、それをまったくしていないわけですよね。

上念　そうですね、日本維新の会くらいしかまともな野党はないですね。あそこは代案を出しますからね。

ケント　私は日本維新の会を、いま言った野党に含めていない。維新は対案を出して、自分たちの考え方を打ち出してくるわけですからね。ここで言っている野党とは、無責任野党のことです。維新はそれに入らないんです。

日本維新の会は、野党と与党のあいだで、「ゆ党」を自認しているらしいですし。

上念　なるほど（笑）。

たしかに、野党が代案を出さないと、ディベートにならないんですよ。でもそのディベートの訓練など、ちゃんとやっていないでしょ、と思いますけどね。

◎日本経済に今後訪れる試練

ケント　今後、日本経済で懸念されるのは、やはり2019年10月から引き上げられる予定の消費税増税ですよね。米中貿易戦争の日本への余波についてはどうですか。日本も巻き込まれますよね。

上念　たしかにそうですが、前述したように、そもそもアメリカへの影響にしても、よくわからないわけですから、日本経済が良くなるか、悪くなるかを定量的に計算してもあまり意味がないと思っています。

むしろ、米中貿易戦争によって日本の経済政策がどういう方向に変わるかということのほうが大事なんです。なにしろ、日本の経済（ＧＤＰ）に対する貿易の割合は24・７％（２０１６年）で、８割近くが内需ですからね。

そこで、より緩和的なモードにいくか、現状維持か、それとも引き締めモードになるかということですね。

現状としては引き締めモードにいきそうなんですよ。

まず、おっしゃるように、２０１９年10月の増税があります。加えて、18年４月27日の金融政策決定会合で、日銀はこれまで「２０１９年度頃」としていた物価目標２％の達成時期を削除しました。

どうも、金融緩和や財政出動に少し腰が引けている、というよりも、むしろ逆方向にちょっと動こうかとアドバルーンを上げているような状態なのです。

ケント　なるほど。すると、日本経済はこのままいけば停滞していく可能性があるということですね。

上念　天災が起こったり、米中貿易戦争で世界経済が崩壊、株価も暴落したりして大変だということになって「増税なんてやっている場合じゃない」となれば、正気に戻るかもしれない。

貿易額がどうなる、といった影響を計算してもほとんど意味がないのです。というのも、中国がアメリカから買わないなら、日本から買うかもしれないですし、とはいえ、アメリカの景気が悪くなったら、日本にも大きな悪影響が出るでしょうしね。しかも、GDPに占める輸出入は全体でも2割強しかないですから。

むしろ、私は貿易量そのものよりも、為替レートの影響のほうが圧倒的に大きいと思います。そして、その為替レートを動かしているのは金融政策なのです。だから、地政学上のイベントとか、経済ショックにつながるかもしれないようなイベントが起こったときに、中央銀行がどういう判断をするかということのほうが大きいと思います。

おわりに――上念 司

ケント・ギルバート氏とは、現在も「真相深入り！虎ノ門ニュース」をはじめ、さまざまな場所でご一緒する機会が多く、また、「視聴者の会」の同志であり、おまけに加計学園グループの岡山理科大学の客員教授という点でも共通している二人ですが、対談は今回が初めてでした。

さまざまな問題を語り合ってあらためて感じたことは、日本人にはいかに真実が伝えられていないか、そのために国民の危機意識がいかに希薄かということです。

本書でも述べたように、現在の米中貿易戦争は、今後、ますます激化していくことでしょう。しかし、仮に、これで中国経済が崩壊したとしても、そのときが共産党一党独裁の終わりとはかぎりません。国民の不満、不安を海外に向けるため、むしろ南シナ海や東シナ海への侵略行為が激しくなるかもしれません。はたして、中国にはどれほどの軍事力があるのか、どれだけ日本の脅威となっているのか、本書では二通りの考えを紹介しましたが、メディアでも国会でも、こうした議論がほとんどされていないのが現状です。

また、本書でも再三、批判していますが、野党やメディアは北朝鮮のミサイルが飛んでいるときでも「モリ・カケ問題」にばかり現《うつつ》を抜かし、目の前に迫った危機を見ようとしませんでした。

せっかく財務省による「森友文書改竄《かいざん》」というオウンゴールが出たのに、野党は華麗にスルーして、消費税増税阻止や財務省解体といった方向性には行きませんでした。

2019年の消費税増税は、ようやく復活しかけた日本経済を間違いなく奈落の底に突き落とすことになるでしょう。増税による国民生活の困窮なんてまったく考えていないようです。

日本の目下の最大の懸案は、デフレからの完全脱却です。私は著書にも書いていますが、そのためには「アベノミクス」のアクセルをもっと踏み込み、最低20年はこれを継続すべきだと思います。

安倍政権が倒れて、再び日本がデフレに逆戻りするような政策が行われることは絶対に避けなければなりません。そう考えれば、何の証拠もないまま「モリ・カケ問題」をはじめ、反安倍で倒閣運動を仕掛ける者たちは、まさに「某国の工作員」と思われても仕方がないでしょう。

本書では、国際政治、外交、経済、憲法など、多くの問題について語り合いましたが、宗教家であり、しかも共和党支持者でもあるケント氏の意見は、現在の日本のメディアではなかなか聞けないものばかりで、読者にもかなり刺激的な内容だったのではないかと思います。

また私自身も、ケント氏が若かりし頃のアメリカの話と、自分の30年前のアメリカ留学時代のことを思い重ねながら、同国の変化を確認できたのは大きな収穫でした。

2018年8月中旬

上念 司

【著者略歴】

ケント・ギルバート（Kent Sidney Gilbert）

1952年、アイダホ州に生まれる。1970年、ブリガムヤング大学に入学。翌1971年に末日聖徒イエス・キリスト教会のモルモン宣教師として初来日。経営学修士号（MBA）と法務博士号（JD）を取得したあと国際法律事務所に就職、企業への法律コンサルタントとして再来日。

弁護士業と並行して英会話学校「ケント・ギルバート外語学院」を経営。またタレントとしてもテレビに出演。2015年、アパ日本再興財団による『第8回「真の近現代史観」懸賞論文』の最優秀藤誠志賞を受賞。『日本人の国民性が外交・国防に及ぼす悪影響について』と題した論文は、日本人の誠実さなどを「世界標準を圧倒する高いレベル」と評価。一方、その国民性が「軍事を含む外交の分野では、最大の障害になる」とした。

読売テレビ系『そこまで言って委員会ＮＰ』、ＤＨＣテレビ『真相深入り！虎ノ門ニュース』などに出演中。

著書に、『まだGHQの洗脳に縛られている日本人』『やっと自虐史観のアホらしさに気づいた日本人』（以上、PHP研究所）、『儒教に支配された中国人と韓国人の悲劇』『中華思想を妄信する中国人と韓国人の悲劇』（以上、講談社）、『日本人だけが知らない世界から尊敬される日本人』（ＳＢクリエイティブ）など多数。

上念司（じょうねん・つかさ）

1969年、東京都に生まれる。中央大学法学部法律学科卒業。日本長期信用銀行、臨海セミナーに勤務したあと独立。2007年、勝間和代氏と株式会社「監査と分析」を設立し、取締役・共同事業パートナーに就任。

2010年、米国イェール大学経済学部の浜田宏一教授に師事し、薫陶を受ける。

金融、財政、外交、防衛問題に精通し、積極的な評論、著述活動を展開している。

東日本大震災に際しては勝間氏とともに「デフレ脱却国民会議」を設立し、事務局長に就任。震災対策として震災国債を日本銀行の買いオペ対象とすることを要求。白川方明総裁までの日本銀行の政策を強く批判してきた。

ＤＨＣテレビ『ニュース女子』『真相深入り！虎ノ門ニュース』などに出演中。

著書には、ベストセラーになった『財務省と大新聞が隠す本当は世界一の日本経済』『習近平が隠す本当は世界３位の中国経済』（講談社＋α新書）、『経済で読み解く　大東亜戦争』『経済で読み解く明治維新』（ベストセラーズ）、『「日銀貴族」が国を滅ぼす』（光文社新書）など多数。

まだ日本人が気づかない　日本と世界の大問題

第1刷――2018年8月31日

著　者――ケント・ギルバート、上念司
発行者――平野健一
発行所――株式会社徳間書店
東京都品川区上大崎3－1－1　郵便番号141-8202
目黒セントラルスクエア
電話　編集(03)5403-4344　販売(048)451-5960
振替00140-0-44392
印　刷――本郷印刷(株)
カバー印刷――真生印刷(株)
製　本――ナショナル製本協同組合

乱丁・落丁はおとりかえ致します。
ISBN978-4-19-864669-1